孩子的成长
父母的修行

潘杨华 季伟 著

辽宁人民出版社

ⓒ潘杨华　季伟　2020

图书在版编目（CIP）数据

　　孩子的成长 父母的修行 / 潘杨华，季伟著 . —沈阳：辽宁人民出版社，2020.9
　　ISBN 978-7-205-09895-7

　　Ⅰ . ①孩… Ⅱ . ①潘… ②季… Ⅲ . ①儿童教育—家庭教育 Ⅳ . ① G782

　　中国版本图书馆 CIP 数据核字（2020）第 098100 号

出版发行：辽宁人民出版社
　　　　　地址：沈阳市和平区十一纬路 25 号　邮编：110003
　　　　　电话：024-23284321（邮　购）　024-23284324（发行部）
　　　　　传真：024-23284191（发行部）　024-23284304（办公室）
　　　　　http://www.lnpph.com.cn
印　　刷：朝阳铁路印务有限公司
幅面尺寸：170mm×240mm
印　　张：21
字　　数：295 千字
出版时间：2020 年 9 月第 1 版
印刷时间：2020 年 9 月第 1 次印刷
责任编辑：高　丹
装帧设计：丁末末
责任校对：吴艳杰
书　　号：ISBN 978-7-205-09895-7

定　　价：58.00 元

前言

帮孩子打牢"五根桩子"
——我们为什么要写这本书？

—

自从有了儿子，我们常常玄想。

我们想得很多的是：**究竟孩子需要我们，还是我们需要孩子？**

表面上看，孩子从呱呱坠地到牙牙学语，从吃喝拉撒到衣眠住行，很多方面离不开我们。但是，这并不代表他需要我们，相反，是我们未经同意把他"抛掷"到这个世界，我们没有权利过分强调自己付出的伟大性，而忽视他获取的正当性。更重要的是，我们自己的降临也是被动的，没有选择的余地，因此成长过程中总有不少遗忘和遗憾。感谢孩子，是他给了我们第二次生命，在陪伴孩子成长的过程中，我们有机会近距离细体深察并反躬自省，见证自己生命的又一次萌发，甚至可以说，是难得的再生，而没有孩子，我们可能永远没有这样的机会。因此，我们总感到不是孩子需要我们，而是我们需要孩子，有了孩子，我们才能更深刻地领悟生命的奇妙和美满。

高尔基说："单单爱孩子，这是母鸡也会做的事情，可是善于教育他们，却是一桩伟大的事业。"生养容易教育难，要想在孩子教育方面取得成功，需要呕心沥血，艰苦求索，时时想很多问题。

我们首先想的一个问题：父母有权利对孩子提出这样那样的要求吗？不知不觉中，我们每天都在对孩子提各种要求，要求他每天弹钢琴、学英语、练武术，要求他动手能力强、考试成绩好、见人有礼貌，要求他不调皮、不捣乱、不闯祸，要求他约束自己的欲望、不主动提出买玩具……仅仅因为他是我们的孩子，就可以理直气壮对他"发号施令"吗？这些要求就显得天经地义、理所当然吗？

这个问题还可以换个角度想：人类是一直在不断进步吗？下一代一定应当超越上一代吗？我们感觉，人类是否在进步，要看什么样的"标准"，有些方面是，有些方面不是。例如身体，现代人和古代人比起来，视力不行，听力不行，耐力不行，我们的体能实质上是在逐步退化（参见王东岳先生提出的"递弱代偿"理论）。另外，随着人类认知领域的拓展，当下达·芬奇那样的百科全书式人物，并非越来越多，而是越来越少。可以说，因为时代发展、社会进步、知识累积、见识增长、文明提升，在特定方面确实一代比一代强。但是，具体到每个家庭、每一个体，推广到芸芸众生、普遍范畴，这个结论在逻辑上未必成立，客观上也不可能。因此，我们不能期求孩子一定比我们强，尽管这个愿望很美好。

如果从概率上讲，只有少数家庭的孩子能够超越上一代，而绝大多数表现必然平平，无论怎么努力，都难以胜出，那么，凭什么要求我们的孩子成为那少数的一分子呢？是我们付出比别人多、基因比别人好吗？如果是，我们要求还情有可原，如果不是，那么就显得有点"蛮不讲理"。事实上，每个时代，每个阶段，每个群体，精英注定只是少数，大多数人注定是平凡人。望子成龙、望女成凤，具有导引意义和激励作用，但不构成普世标准。

二

我们还想到一个问题：成为精英，一定比普通人更幸福吗？"我们从农业革命能学到的最重要一课，很可能就是物种演化上的成功并不代表个体的幸福。"其实没有数据显示精英分子的幸福指数高于平常人，甚至有人说，成为精英某种程度上是自己找罪受，意味着更加"不幸"。作为普通人，也有普通人的快乐和幸福，有普通人的存在意义和自我价值。既然如此，我们认为应当根据家庭和孩子的实际做出恰当的教育选择，为孩子人生适当"留白"。不是所有父母都应当做"虎妈""狼爸",也不是所有孩子"一天三遍打"后都能进哈佛、北大。而且,在我们看来,是否成为精英并不是根本,人生的根本在于兼顾个人兴趣爱好和家国社会担当的基础上,寻找到心灵的依托,明白自己究竟喜欢什么,追求什么,想要获得什么,并为之努力奋斗。

当然,多数世人的本心,并非一定要孩子成为精英,只不过中国的现实是,由于长期以来的阶级分化、阶层固化,社会不公、资源不均,身处社会底层、失去起始机会,往往很难再有出头之日,所谓"输在起跑线上",正是指的这一点。一个人如果不能跻身主流社会,成为成功人士,可能其工作、生活、爱情、事业、幸福感和获得感,都将大打折扣,甚至被全面剥夺,这是国人最现实的境况,无法否认和回避。但是,即便如此,也要考虑付出的代价和回报。既然大多数人注定不能成为精英,且成为精英也无法确保幸福,则我们的孩子何去何从,就不能盲目跟风,冲着一个遥不可及的最终结果,放弃一路的风景和体验,很可能到最后两头落空。与其这样,不如放低姿态,放松心态,协助孩子确定一个契合他实际的目标,安心于他力所能及的收获,并珍惜过程中的点点滴滴。

其实,我们的孩子究竟能够成为什么样的人,取决于很多因素。一方面决定于父母的家境、背景和心态,另一方面决定于孩子的基因、智商和各种非智力因素,还有地域、环境、体制、氛围和机遇等。一厢情愿地想要成为精英固然不可取,但也不可自暴自弃,妄自菲薄,过早放弃能够达到的高度。关键因素,我们觉得在于父母准备为孩子打下什么样的基础,怎样打下这些基础,从而帮助孩子获得极限体验、力争"上游"勇攀高峰。

三

关于这个问题,我们思考良久。

一位颇具哲思的教育管理专家启发了我们。他说,现代社会,之所以能够满目高楼大厦,不是因为建筑材料无比坚固,而是建筑方法发生了根本性变革。过去建房强调扁平化铺地基，现在强调深挖洞打桩子，过去铺地基平均用力，全面开花，但是深度有限，现在打桩，若干根桩子可以深入地下直到岩层，靠着这些桩子，再高的大楼也不怕风吹雨打。将此原理"迁移"于孩子培养，有哪些重要桩子，应当帮助孩子在童年时代打牢呢？我们认为：

首先是身体。青年毛泽东，有意在大风大雨的天气，栉风沐雨，锤炼自己的身体，终成一代伟人。我们认同一种主张："文明其精神，野蛮其体魄。"没有强健的身体支撑，再美好的蓝图都成为浮萍。当代都市的孩子，大多身处温室，经历风雨的机会较少，如果不能够有意识地强筋健骨，长大以后很难指望扛起多大的事。历史上虽然不乏如彗星闪过的早夭天才，但是排除极少数特例，总的来说一个人的成就大小与其寿命长短正相关，只有争取活得长，才能期望贡献大。即便不考虑对国家、社会的贡献，仅仅着眼个人和家庭，"多寿多福"，健康长寿也是件令人向往的事情，疾病缠身、做点事情就"趴窝熄火"，很难有什么幸福感可言。

其次是品行。蔡京书法很好，但因为无品，被排除出"宋四家"；赵孟頫书画俱佳，但因为由宋仕元，被替换出"元四家"；徐悲鸿和刘海粟的"世纪恩怨"，实质是对待品行的态度差别。中国文化非常强调"品"，做人无品，即使有很大成就，也会遭到历史的唾弃。熟人社会，大家知根知底，无品寸步难行，陌生人社会，品行欠缺可能得逞一时，但是随着大数据时代信用体系的健全，无品必将难以藏匿、难修善果。如果不谈大道理，说点直白话，一个人的品行好，与人相处不暗藏机心，别人也不需要对其设防，其相当于取得一张"特别通行证"，总能赢得更多人的信赖和支持。从经济学角度讲，用陈志武先生的话来说，这样的人更有可能把未来"变现"，其人生"附加值"也必将超越常人。

第三是意志。意志是非智力因素中最重要的因素，包括乐观开朗，沉着镇定，处世从容，临危不乱，豁达大气，百折不挠，做事执着，不达目的不罢休等。这个世界上人才很多，聪明者比比皆是，但可惜的是，不少聪明人没有能做成大事，而做不成大事的原因恰恰在于他们"聪明反被聪明误"。王石先生说其团队中最聪明的一批人都早早跑了，他们因为聪明，往往挑肥拣瘦，精打细算，爱走捷径，缺乏傻干精神，很难持久执着于一个比较遥远的目标，属于有"小聪明"，缺"大智慧"，而往往是一些智力中等、做事比较"迂"、不会讨巧的人能成大事。我们甚至认为，智商决定能否成功，情商决定在什么层面上成功。我们不苛求孩子聪明（苛求无益，因为基因在父母而不在孩子），但是希望他执着、专注，做事有点韧劲。

第四是见识。梁思成小时候，家里宾客盈门，来来往往拜访梁启超的不是各国的博士，就是名校的教授，梁思成的见识因此从小异于常人。身处穷乡僻壤的孩子，即便智商超群，受到环境制约，也很难有大的作为。一个人见多识广，不仅能弥补智商的不足，也能提升做人的境界。因为见识低下，孤陋寡闻，很容易目光短浅，心胸狭窄，做人的境界也不可能太高。见识还能决定志向，缺乏志向，人生没有长远目标，就像油井没有导管，即使有油在地下涌动，也难以冒出地面。见识包括知识，但不限于知识，知识多不等于有见识，"两脚书橱"难称智慧。见识广博的人，洞察力、判断力、分析力、学习力等都不会弱，无论遇到什么艰难险阻，总能找到机会和出路。

最后是交往。孩子成长的过程，是从自然人到社会人的过程，社会化的过程中不可避免要和他人交往、与他人协作，能否融洽相处，是现代人能否成功的重要因素。联合国教科文组织报告《教育——财富蕴藏其中》提出教育的四个支柱，之一就是"学会共同生活"（learning to live together）。过去社会，单纯依靠技能即可立足，有的还生活得很好，但是未来社会，单纯技能型人才有可能被人工智能取代，只有具备领导力和协作力的人才能更好生存。未来社会，一个不能和他人良好交往、固步自封的人，很难取得什么成就。古人云"得道多助，失道寡助"，良好的交往能力，还意味着能获得更多的平台和机会，也更可能心胸开阔，视域宽广，善于调节，生活丰富多彩。

身体好，力争做一个爱运动、能持久、有活力的人；品行好，力争做一个懂感恩、富爱心、有修养的人；意志好，力争做一个能扛事、善自省、有韧性的人；见识好，力争做一个会学习、知权变、有深度的人；交往好，力争做一个能沟通、肯吃亏、有担当的人。如果能够在孩提时代打牢这"五根桩子"，我们想即便将来孩子不能立功立言，至少能够家和业兴，即便不能惊天动地，至少能够经风扛雨，即便不能充任栋梁，至少能够做好阶梯，即便什么光环也没有，做一个实实在在的自我，对家庭和孩子负责，对国家和社会有益，不也可以吗？！

四

反观当下家庭教育，这方面的著作、文章虽然汗牛充栋，但不乏观念上的偏差。很多图书传播宣扬的重点是"家教成功学"。我们认为关注成功的结果，也要审视成功的方式，更要辩证理解"成功"本身。孩子取得"成功"固然令人欣喜，但是，没有能"跳级"，不能上哈佛、北大怎么办？这样的孩子我们怎样尊重和爱护他们，怎样肯定和赞赏他们？除了给孩子"灌输"比较和竞争，人生还应该强调些什么？何况"就算身处不同阶级的人发展出了完全一样的能力，因为他们面对的游戏规则不同，最后结果也可能天差地别"，很多普通家庭孩子的宿命在于，他们因为客观因素的限制，可能从一出生就被"标注"上"失败"的标签，如果父母们不能转变观念和认识，"夏斐式"的悲剧难免反复重演（事实上确实在反复重演）。

更重要的是，一个人的优秀和他人应当是什么关系？其成功又准备给这个世界带来什么？如果一个人具备了成功的天资禀赋，学校和家庭教育也最大程度开发了他／她成功的潜能，而其仅仅是成了一个"绝对的、精致的利己主义者"，如果一个人的优秀，不仅未能带给世界更多良好的示范和引领，甚至构成别人生存发展的障碍，那么，我们还需要称羡这样的"优秀"吗？还应当效仿这样的"成功"吗？当下社会种种怪异现象的背后，折射出长期以来价值观念和评价标准的偏差。我们的想法是，人生需要"坚持必要的坚持，拒绝应当的拒绝"，我们不期求孩子成名成家，但应当见贤思齐，不期求孩子多大名头、多亮光环，但应当与人为善、自立自强，不期求孩子多大程度改变世界，但应当积极改变自我，为社会增添更多正能量。我们会嘱咐孩子可以平凡，不应平庸，可以低薪，不应低志，可以不孤拔清高，但绝不同流合污。我们会要求孩子追求真、善、美，远离假、恶、丑，并自己身体力行。任何时候，成功必须途径正当，成名意味更多担当，优秀还应慈悲慈善。

五

现在来说一说这本书的诞生。

怀上孩子时，孩子爸爸年近四十，孩子妈妈也已经三十有七，孕期一波三折。作为高龄产妇，听从医生建议，已经安排好剖腹的日期，却最终用38个小时完成顺产，我们感觉到上苍对我们和孩子的深深眷顾。所以，我们一直用一种感恩的心情对待这个生命的降临与生长，并且投入了尽可能多的精力，观察和记录这一奇妙的过程。

我们的记录方式是用孩子的口吻写日记，从孩子角度，把值得记载的人和事写下来，其中包括和哪些小朋友一起玩，有什么好玩的事情，孩子人生中很多的第一次和喜怒哀乐、发脾气、闹情绪，也有成长中不可避免的求医问药，为了强身健体怎样习武远足，为了增长见识如何溪山行旅，还包括如何为孩子选择各类培训班，进行各种智力开发，以及教育过程中的各种认识与分歧，成功与失败、矛盾与冲突等。这种记录现在看起来颇为琐碎，但十分珍贵，因为这些记录，孩子幼儿时期的岁月不仅没有杳无踪迹，相反历历在目。

记录的过程，始终伴随和很多朋友的交流与分享，也不断纠正或强化我们的一些观念。例如，我们认为教育孩子有"四大"：过程大于结果，方法大于情绪，身教大于言传，生活大于学校。以"方法大于情绪"而言，向孩子发脾气很简单，但是不解决问题，因为很多时候孩子不能达到父母要求，不是不愿意，而是不"会"，所以需要首先教给孩子方法；又如，我们认为孩子处理事情要掌握四个原则：利用工具、讲究技巧、学会求助、善于放弃。既要让孩子做事执着，不轻易放弃，但不能任何时候都一条道走到黑，适当的妥协也属必要；再如，我们认为孩子从小学英语很重要，但是否标准和完美不重要。很多父母害怕自己发音不标准，不愿意带孩子进行英语亲子阅读，我们则认为与其担心不完美而放弃，不如接受不完美而行动。最直接理由是孩子爸爸曾有机会参与筹办2014年南京第二届夏季青年奥林匹克运动会，接触多位国际奥委会官员，他们带着各种浓重口音指导筹办工作，但凭借的并不是完美的发音和标准的语法……

交流多了，一些朋友逐渐认同我们的观点，并鼓励出版共享，也有朋友不赞同我们的做法，他们另有他们的主张。教育孩子从来没有固定的、放之四海而皆准的模式。每个孩子天性是不一样的，每个孩子的教育过程也应当有所区别。在这方面学校教育只能提供大众化、统一化、标准化的服务，个性化、差异化、特别化的教育需要家庭补充，父母作为第一任老师的职责始终不能放弃。事实上，即便不为了出版，我们也会一直写下去，观察、记录、研究孩子成长已经作为我们人生的意义，这种事情超越名利。

我们的原始记录不分性质和类别，只是在后期整理中加以区分、细化，才有了现在的样子。书中重点围绕五个方面，分别列举了"五根桩子"和孩子的相应表现。为了原汁原味呈现这些表现，以便能够让更多的爸爸妈妈对比分析和个性化参考借鉴，我们采用了直接摘录日记的方式，日记之后分别陈述了我们的教育方法和反思。同时每节前面加引了我们平时阅读中看到的人和事，在大致契合主题的情况下作为某种佐证和引申。由于受个人阅读习惯和兴趣的限制，这种征引未必贴切，祈请读者鉴察。另外，我们的孩子虽然是男生，但是书中很多观点和做法不分男女，因为"五根桩子"是人之作为人的"核心素养"，代表着做人做事的原则和底线，无论男女，乃至大人小孩，都是相通的。这些记录，现在回头看去很粗糙，和那些更伟大、更成功的爸爸妈妈相比，我们还有很多欠缺。本可以做得更好，但是没有，因为我们只是普通父母，我们的孩子只是普通孩子。

书名《孩子的成长，父母的修行》，想表达四层含义：其一，每个孩子每天都在成长、进步，父母要充分尊重孩子，用心观察孩子，善于体察孩子的细微变化；其二，父母要真情陪伴孩子，理解和宽容孩子，把教育孩子的过程作为人生必要的修行，不"偷工减料"，不期求"捷径"；其三，孩子的成长与父母的修行始终相伴相生，教育孩子首先要成就自己，让自己成为孩子的一面镜子，身教始终大于言传；其四，对孩子永远充满期待和信心，与孩子共同发展，在亲子教育这堂必修课中，努力探寻最佳的答案。

六

这是一本写给孩子的书。我们想说的是：孩子，感谢你让爸爸妈妈重新经历第二次生命。和孩子一起成长的过程，既是父母教育孩子的过程，也是孩子启示父母的过程。在孩子身上，我们经常发现很多令大人惭愧的东西，孩子的童心、纯真、善良、不加伪饰，让我们因自己的世俗、虚伪、功利而惭愧不已，并得到感化。

这是一本写给爸爸的书。周围很多家庭，通常爸爸都比较忙，教育方面经常缺位。其实，无论是习惯培养、个性开掘，还是勇气激发、意志磨砺，爸爸的角色对于孩子的成长非常重要，尤其是男孩，更不能缺少爸爸的引领。而且，目前中国幼儿园和小学，大多是女教师，更需要家庭教育中爸爸在位，希望我们的记录能够给爸爸们以启发。

这是一本写给妈妈的书。我们的孩子也有一个和大多数家庭差不多的妈妈，有时候教育孩子比较急，希望孩子完美，会批评孩子不认真，不细心，"态度不好"，看到听到"别人家的孩子"，有时会"坐不住"。书中没有回避我们的分歧，很多时候有分歧是正常的，我们需要在充分交流、碰撞中矫正航向。

这是一本写给社会的书。可怜天下父母心，其实不仅仅是父母、家庭，还有学校、老师，各类社会组织、公益机构，所有爱孩子的人，无不为孩子操心尽责，但是很多理念方法值得商榷。孩子天性纯真，可以说没有一个孩子出生即恶，所有的恶都是后天各种环境、因素所致。任何国家和社会都应该尊重孩子、理解孩子、爱护孩子，为他们的成长真正负责，这也是国家存在的意义，社会维系的源头。

换个角度：

这不是一本成功学的书。一方面我们的孩子还小，谈不上任何成功，而且我们也没有看到他有什么过人的天赋，他的未来还有较大的不确定性；另一方面，且更重要的是，我们并不认同只有哈佛北大的孩子家长才有资格谈家庭教育，一切为了孩子谨慎思考、倾心付出的父母，都有权利交流他们的"育儿经"，而不必有任何"光环"的前提。

这也不是一本范例型的书。我们的很多设想仅是一家之言，并非范式和真理。我们自己初为父母，没有任何可靠的经验，每一步都是探索，每一次都是尝试，时有挫折，也多彷徨，无力指点江山，激扬文字，只想迫使自己更深入地反思，更透彻地理解。因此我们的观点和做法未见得适用于所有家庭和孩子，也无法担当"教育"其他父母的重任。

这更不是一本哲思性的书。尽管我们试图让自己的思考提炼、升华，但是总体上，这些思考比较感性，相对微观，在思想的凝化和穿透力上还比较逊色。一方面我们的能力所限，难以达到哲理的高度，另一方面也没有打算这么做，而是希望更多的普通父母阅读时一目了然、亲切自然、感同身受，所以书中没有任何悬念、术语和高深的道理。

有一首诗《滑滑梯》至今记得，"孩子 / 爬上去，爬上去 / 一溜，多么美 / 再来一次 / 孩子，长大了 / 你只能向上，不能向下 / 因为你，不可能永远是孩子 / 而人生，更不是游戏"。当时读了，觉得颇有哲理，令人奋发，积极昂扬，可是现在回头想想，究竟什么是"向上"，什么是"向下"？是谁在定义它们？这种定义是否必然？人生虽然不是游戏，但不妨用一点游戏的心态对待生活。"莫听穿林打叶声，何妨吟啸且徐行"，特别是孩子，不要太沉重，不要太拘谨，不要太计较，多呵护一点孩子的童真、天性、好奇、善良，也许更好。福柯说"人远比自己想象的要自由"，很多时候，是我们自己束缚了心灵的翅膀！

"我们不必开始于伟大，但必须为伟大而开始"，教育永远在实践中，我们要说的暂时就这些，诚邀大家开卷、交流并评议！

目录

第一根桩

身体

我们的生活条件越来越优越，但我们内心时常感到空虚，像漂泊在大海的孤舟，不知道自己需要什么。特别是这种"悖论"越来越呈现年轻化的倾向。长寿有基因，短命有原因。希望孩子幸福，应当把他们的身体放在第一位，任何时候获取其他利益，都不应以牺牲身体为代价。

第二根桩

品行

真正的社会精英应当有"自由之思想，独立之精神"，有自我的担当和对国家、民族、社会、人类的承担。人若无品，其行不远，即便得到也会失去。需要始终警惕各类实用主义、利己主义、拜金主义的侵蚀，帮助孩子的同时，也让自己保有做人最朴素的东西：真善美。

意志

现在的孩子受到各方面的限制，经历风雨的机会较少，抗挫折的能力较弱。更需要有意磨练他们的意志，锻造他们的精神，让广阔的天地丰泽他们生命的意义。如果一个人足够坚强，这个世界也会反过来迁就他。希望孩子依靠品行而立得正，凭借意志而走得远。

见识

互联网时代很多传统正在被快速瓦解，知识更新迭代的速度越来越快，知识的获得越来越便捷，越发凸显出"见识（insight）"的重要性。见识与具体的知识、技能和经验有关，但超越它们。想要让孩子不被时代淘汰，应当尽可能给予他们"见识"才行。

交往

很多独生子女带着天生的孤独和情感负担来到这个世界，一方面对个性化、存在感要求特别高，另一方面很容易沉迷于虚拟世界，现实感越来越弱。父母比以往任何时候都要更加重视孩子的交往。只有在充分交往中，孩子才能勇于担当、乐于协作、善于克制、臻于理解。

1

身体

身体好，对于孩子成长和幸福的巨大意义不言而喻。王石先生两次登上珠峰，保持6000米高空滑翔世界纪录16年，人生的高度自然不同。若干年前，很少听说周围人中有精神障碍、忧郁症，如今听到哪位亲近的朋友焦虑、忧郁、精神分裂，甚至为此突然"离去"，似乎不算稀奇。据调查，20世纪80年代国人焦虑症的发病率在1%到2%，现在超过10%。20年前国人抑郁症发病率在0.05%，现在已达到6%。

一方面，我们的生活条件越来越优越，很多人成长过程中没有经历什么曲折和创伤；另一方面，我们内心却时常感到空虚，像漂泊在大海的孤舟，不知道自己需要什么，感觉不到生命的意义、生活的美好。特别是，这种"悖论"越来越呈现年轻化的倾向。据有关资料，这些年青少年自杀率不断上升，儿童体质体能下降成为普遍趋势，中小学生心理危机导致的极端事件层出不穷。

我们觉得，孩子拥有相对强壮的体魄、健康的心理，远比学习好、分数高重要得多。因为看重，所以行动，我们让孩子从小进行武术、登山、远足等各种运动，打球、跳绳、轮滑等各种技巧，游乐、玩耍、美食等各种体验，希望尽其天性。我们觉得，长寿有基因，短命有原因，希望孩子幸福，应当把他们的身体放在第一位，任何时候获取其他利益，都不应当以牺牲身体为代价。

习武

后来父亲把地租出去在村上开办了一所小学，叫儒童寺小学，招收了二十来个学生，……又聘请两个教师。一个叫高志良，瘦小文雅，善珠算，兼管总务。一个叫赵剑宝，懂诗词，还谙武术。带来一对石锁，课余常常抛弄，在地上砸出一个一个的深坑。……

一天，父亲带了一个晒得很黑、满脸皱纹、高大但有点儿驼背的汉子到家里来，住了好几个月。他叫俞同榜，原籍苏北，祖先逃荒到了江南，就在富庶的鱼米之乡淳溪镇定居下来，至今已经好几代了。在淳溪镇上，这种人家很多，全都世世代代以船为家，主要以捕鱼、打野鸭、卖酒酿和刀伤膏药为生。有时也耍耍杂技，弄弄枪棒和气功。一般都懂武术，……

（俞同榜）还引导我跨进了武术的门槛，教会了我一些初步的功法，并引起了我的兴趣。这是一宗恩惠。五十年后，我在监狱里面对狱霸的铁拳时，正是这宗恩惠，帮我解脱了困境。

《寻找家园》，高尔泰著
北京十月文艺出版社2014年版

🕐 2015.01.12

😊 4岁10月

　　上周六早晨7点多钟，爸爸就把我喊起来，让我去武术训练。我的武术课是上周五（2015年1月9日）正式开始的，在龙江体育馆，每周一到周五下午训练，周六上午训练，每次1—1.5小时。一开始我分在苗苗B班，练习基本功，如压腿、劈叉、马步、跑步。那里有不少很小的小朋友，也有一些大孩子。上周五我练到晚上6点半，浑身是汗，爸爸妈妈都来看我。有些动作比较难，我练得不太好，妈妈让我不要偷懒，练好可以给我奖励。上周六我从上午8点练到9点半，然后步行去上课，再步行回家。下午妈妈带我去理发，我午饭吃了不久，肚子就饿了，又吃了一个包子，晚上也吃了很多。

由于时代不一样，现在孩子的学习起步比过去早，学习负担比过去重，已经是必然的趋势。一个未必恰当的比喻，孩子学业负担如同生病，过去感冒发热一针80万单位的青霉素就药到病除，现在超过800万单位的青霉素也可能无济于事。美国畅销书作家丹尼尔·科伊尔提出"一万小时理论"，说一个人从平凡到某领域精英，至少需要学习10000小时（以每天4小时、每年250天计算，大约需要10年）。西方还有一个过度合格（overqualified）理论，是说现在的时代，很多学习无法做到"恰好"，只能保持"过度"，才能适应多方面的需求。"这才知道我的全部努力，不过完成了普通的生活"（穆旦《冥想》），因此，为孩子选择各种学前培训班，已经成为大中城市爸爸妈妈们的必修课，各种培训广告，也成为城市里一道无奈的风景。

在林林总总的各类学前培训班中，我们为孩子主要选择了两个，一个是武术，一个是钢琴，我们戏称为"琴心剑胆"。由于这两项投入的时间都比较多，其他如围棋、画画、书法、机器人等，只能放弃或者短期参加，有些如英语则转为家庭辅导为主。当然，要想打好身体这根桩子，男孩除了学习传统武术，也可以选择跆拳道、少儿足球等，女孩可以选择舞蹈、健美操等，或者多带孩子远足、游泳、跑步、骑车，都能起到强身健体的作用。

🕐 <u>2015.09.23</u>

😊 <u>5岁6月</u>

　　我武术练习得不错，吴老师经常表扬我。这个周五升级考试，吴老师说我是 B 班中练得最好的，能升入 A 班。昨天我得意地告诉爸妈，在幼儿园有4个小朋友"打"我，但是都被我打败了。爸爸问："老师呢？没看见吗？"我说是放学之后在操场上打，不过不是真打，是闹着玩。妈妈说看来练武术有作用，不过让我不要四面树敌，要团结好一批哥们。

🕐 <u>2015.09.23</u>

😊 <u>5岁6月</u>

　　晚上我在转台和笑笑比赛跑步。笑笑比我大5个月，个子比我高一头，但是跑得不快。每次我们比赛，起跑时他都比我慢，跑了两次，我都赢了，笑笑就很不高兴，有点要哭。我说再来一次，我让着你一点！其实那天我穿的还是拖鞋，不跟脚，要是旅游鞋，能跑得更快。我对笑笑说："因为我练习武术，每天都爬楼梯，所以比你跑得快，你也去练武术吧！如果你武术练得好，就能跑过我了。"

我们给孩子习武，主要因为三点：

　　第一，强健身体。读《朱光潜文集》，其中提到一些青年朋友和朱光潜见面谈心，问先生活到八十多岁，一生都在学习和研究，有什么值得一谈的经验？令人诧异的是，朱光潜先生没有大谈学问之道、术业方法，却说首先要坚持锻炼身体。健康的精神寄托于健康的身体，未来社会的生活节奏越来越快，竞争越来越激烈，无论是适应工作事业的需要，还是提升家庭个人的幸福，都需要强健的体魄。

　　第二，塑造品格。习武不仅仅是体能的锻炼，也影响一个人的心境和品格。习武要求动作准确，全身协调，应变迅速，时间久了，孩子会变得敏捷、灵巧，充满精气神。习武强调"冬练三九，夏练三伏"，不经一番寒彻骨，怎得梅花扑鼻香？只要能坚持下去，孩子相比同龄人会更能吃苦、抗挫折。孩子每天为了一个目标而努力，有利于培养坚韧、执着的良好品格。当然，我们的孩子未必走专业武术之路，也很难保证能够一直训练下去，但是即便只练习三年五载，也将是他未来人生的一笔宝贵财富。

　　第三，传承文化。中华民族作为一个历史悠久的民族，在人类发展史上之所以几千年历经磨难，却源远流长、生生不息、薪火相传，是因为有博大文化的支撑。中华优秀传统文化不仅是国家和民族之"本"，也是我们每个人精神之"魂"。我们的一位朋友强烈反对孩子早早出国留学，因为担心孩子在"三观"形成的关键期，缺乏中华文化的传承和熏陶，人生容易变得飘忽而无所依托，细思起来不无道理。武术是中华优秀传统文化之一，从小习武能让孩子体会中华文化的博大精深，树立民族自豪感与自信心，并有可能向领略其他传统文化"迁移"，强化做人之"本"、精神之"魂"。

我们孩子5岁不到开始习武，一段时间下来，变化很明显。一是饭量加大。平时吃饭不再磨磨蹭蹭，好几次在幼儿园都要求老师再次添饭，而且吃菜也不挑挑拣拣。二是体质增强。平时生病减少，即使生病，恢复时间也相对缩短。有几次班级十几个小朋友生病，大多是感冒发热，我们孩子因为练了武术，咳嗽几天就慢慢好了，没有请假休息。三是精力充沛。平时7点起床，晚上9点半到10点入睡，第二天精神头十足。有一次暑期带他跟团去九寨沟游玩，早晨不到4点起床，晚上11点以后入睡，孩子竟然都能坚持下来。

中国孩子普遍学业负担较重，在一些家长看来，每周5次习武属于"奢侈"之举，但是我们觉得从孩子终身幸福出发，幼儿习武比上其他培训班、补习课要"划算"得多。

父母关心的问题

关于习武，很多父母关心一个问题：会不会导致孩子个子长不高？通常人觉得打篮球有利于长个头，练武术会妨碍孩子正常发育。为此，我们专门咨询了江苏省体育科学研究所的专家。专家否定了这种说法，并且说之所以人们有这种"错觉"，是因为"适者生存、优胜劣汰"的原因。

打篮球个子不高，拼抢不力，几次比赛后就会被自然淘汰，留下的当然是大个子；武术强调步法灵活，转体迅速，个子太高太大，难以出类拔萃，独占鳌头，所以武术精英多为小个子。就像有人认为练习游泳体形好，其实也是错觉，因为体形不好，水中阻力就大，很难游出好成绩。因此，习武对长个子没有负面影响，事实上，习武让肌肉、关节、骨骼发育更充分，还有助于长个头。

这个问题也反映出很多家长的认识误区和逻辑混乱，有可能导致在孩子教育上的"南辕北辙"。例如，看到别人家的孩子"成功"，想当然地和智商、家境、财富直接挂钩，忽视其他隐藏在背后的本质因素。对此，所有做父母的都应当审鉴之。

登山

　　有人问一位登山家为什么要登山——谁都知道登山这件事既危险，又没什么实际的好处，他回答道："因为那座山峰在那里。"我喜欢这个答案，因为里面包含着幽默感——明明是自己想要登山，偏说是山在那里使他心里痒痒。除此之外，我还喜欢这位登山家干的事，没来由地往悬崖上爬。它会导致肌肉疼痛，还要冒摔出脑子的危险，所以一般人尽量避免爬山。用热力学的角度来看，这是个反熵现象，极为少见。这是因为人总是趋利避害，热力学上把自发现象叫作熵增现象，所以趋害避利肯定反熵。……因为这些缘故，立志写作在我身上是个不折不扣的反熵过程。……再顺便说一句，处于反熵过程中，绝不只是我一个人。……我还可以说，光有熵增现象不成。举例言之，大家都顺着一个自然的方向往下溜，最后准会在个低洼的地方汇齐，挤在一起像粪缸里的蛆。

《我的精神家园》，王小波著

文化艺术出版社1997年版

🕐 2014.05.03

😊 4岁1月

　　"五一"放假，爸爸妈妈带我去安徽九华山玩。1日上午，我们到达九华山脚下一家客栈。吃过午饭后先坐缆车到花台景区，然后在山顶周边散步看风景，累了就休息一下再走，一直走了3个多小时。最后我实在走不动了，说："爸爸妈妈我们歇歇吧。"后来爸爸和妈妈轮流抱我一会儿，我自己再坚持走一会儿，5点多钟我们下山回到客栈。

　　5月2日，我们去天台景区游玩。从九华街到天台，本来准备坐缆车，后来妈妈说好不容易来一趟，还是爬上去吧，于是我们三个人开始爬山。一开始山路比较好走，后来路越来越陡，我们沿途不断地休息。爸爸背了不少好吃的东西，我们一路走、一路看、一路吃，先后吃掉了苹果、八宝粥，还有面包、水。到后来我实在走不动了，看见有卖拐杖的，我就买了一根。拄拐杖后我又来了劲头，还买了一个葫芦丝吹着玩。3个小时过去，我们终于爬到天台寺。我歇了一会儿，又继续爬上顶峰，周边有些地方很险，我和爸爸攀上攀下，把天台寺周围走了个遍。

　　下午我们坐缆车下山，夜里赶回南京，上车不久我就睡了。半路上，前面有车急停转道，妈妈连忙急刹车。但是速度太快，根本刹不住，只好向旁边打方向，我在后座上直往前撞，头顶到了脚垫。不过我睡得太沉，没有醒，迷迷糊糊中爸爸把我抱上座位，我又继续睡去，夜里10点钟我们终于平安到家。

一个记者问著名登山家乔治·马洛里"为什么要登山"，马洛里回答"因为山在那里"。这句话流传甚广，被后世无数登山者奉为圭臬。不过，也有学者考证，马洛里当年说出这句话，仅仅是因为被记者围住采访得很不耐烦而已。不管真相如何，登山而能成名成家，可知此项运动艰险和魅力所在，绝不仅仅是在一大堆石头中爬上爬下。

我们带孩子登山有三个目的：一是见识自然的奇妙。中国有很多名山，造化奇特，风景优美，值得品鉴欣赏。二是体悟人生的道理。孔子登东山而小鲁，登泰山而小天下，人的视野随着视点的转换而变化，只有不时超越自身的局限，才能成就生命的丰满。三是磨砺坚强的意志。登山运动不仅需要体力，更需要耐心和毅力，从小登山有助于孩子克服未来漫漫人生旅程的沟沟坎坎。

3岁左右，我们开始有意识带孩子登山。每次爬山过程中，我们总是鼓励他坚持，实在爬不动也不勉强，可以多休息几次。有时候邀请同龄小朋友一起爬，互相参照和激励。爬山前，尽量多带一些零食、水果、饮料和水，一边吃，一边爬。有时还带上"小喇叭"，里面存储一些有趣的故事，让他边爬边听。爬的过程中，父母亲可以适当"示弱"，故意"落"在孩子后面，请孩子"帮助"自己。总之，爬山本身是件枯燥的事情，但是可以做些精心准备，让过程变得有趣，让孩子享受过程的美好，而不是一味做苦行僧。

2015.10.09

5岁6月

　　国庆节，爸爸妈妈带上我，还有爷爷和姥姥到浙江安吉玩。10月2日，晚上吃好饭，爷爷和姥姥各自休息，爸妈带我散步。来到附近藏龙百瀑景区，看见大门敞开，爸爸妈妈和我"溜"进去，还有一些叔叔阿姨和一个小哥哥，大约十人左右。景区白天喧闹得不得了，这时候却很寂静。大家商量借着手机和手电筒的光亮夜爬"长龙山"，约好以后我们就开始爬。入口住着山民，说里面树上有蛇，危险，一开始我还有些害怕，爬着爬着我就到了最前面。再过一会儿，小哥哥抢到我前面。后来爸妈鼓励我，爬到山顶就给我买一个玩具，我浑身是劲，一路勇敢往前冲。有一段根本没有路，只有钢筋搭在悬崖上的梯子，我爬梯子比大人还快。路上处处能听到飞瀑的哗哗声，抬头看夜空中，星星点点闪烁，四周很静谧，空气很清新。后来爬到"长龙飞瀑"的地方，有人建议不再往上爬，我们就从另一条山路转了回来。"长龙飞瀑"有一段铁链子索桥，走在上面摇摇晃晃，但是我不怕。回到山脚的时候，妈妈给我买了一把木枪作为奖励。

我们家乡地处长江中下游平原，千里沃野，多水少山，不过邻近的浙皖多山，号称"七山二水一分田"，自驾过去非常方便。小学入学前，我们先后带孩子登过安徽的九华山、天柱山、仙寓山、齐云山、牯牛降以及浙江的莫干山，每每登临览胜，无论是孩子，还是大人，心境都异常开阔。我们也多次告诉孩子：不要被眼前的得失羁绊，风景永远在前行的路上。尽管孩子还小，未必能深切领悟，但是我们认为童年的登山经历对他今后的人生塑造一定会有积极的意义。

　　此次藏龙百瀑的夜行纯属"临时起意"。白天路过景区时，人声鼎沸，晚上则静谧异常。入口的山民告诫我们，山里有蛇，会从树上挂下来，或者其他动物，从草丛里窜出来，不过好奇心战胜了恐惧。付诸行动后发现孩子比大人更勇敢，更愿意冒险，大人往往畏首畏尾，孩子则"初生牛犊不怕虎"。事实上危险系数并不大，而且充满奇趣和特别的体验。也许很多驴友正是因为这份独特的享受和体验，才反复"释放"自己的步履。

🕐 2016.02.17

😊 5岁11月

春节我们去山东玩。

正月初二，我们坐高铁先到泰安，晚上入住快捷酒店。正月初三，我们大早起来去爬泰山，从红门登山道进入。山脚下发现很多没有融化的雪，有些地方堆积着厚厚的冰，我在上面溜冰玩。再继续前进，一路爬一阵歇一阵。妈妈说，如果我能自己爬到中天门，就奖励我一个小礼物。我果然爬到中天门，妈妈奖励了我一把泰山方天画戟。后来爸妈征求我意见，是继续爬上南天门，还是坐缆车，我说如果爬到南天门，能再给我买一个玩具我就爬。爸妈同意，于是我们又继续爬。这一次比前面累多了，特别是十八盘，曲曲弯弯，看不到尽头，有些地方非常陡，不过我没有喊累，爬得比爸妈还快。终于爬过十八盘，到达山顶，一共用了5个小时。妈妈又给我买了一把泰山剑，我很高兴。后来我舞着方天戟和泰山剑，高高兴兴坐缆车下山了。

想起清朝姚鼐《登泰山记》和现代李健吾《雨中登泰山》、杨朔《泰山极顶》、冯骥才《挑山工》等有关泰山的著名散文。虽然凭借索道可以直达山顶（泰山修有多条索道，存在较大争议），但是，作为中华民族的象征，泰山还是值得徒步登一登的，特别是传统封禅大典的线路：岱庙—红门—岱宗坊—南天门—十八盘—天街。相比起来，现代人登山实在是幸福极了。当年姚鼐登泰山，"道中迷雾冰滑，磴几不可登"，到达山顶后，"大风扬积雪击面，亭东自足下皆云漫"，可见辛苦异常。另外，根据《徐霞客游记》等记载，古人登山常常需要自备粮米，便于途中烧煮食用，有时甚至爬几天才能到达山顶。所以，登山不能简单理解为旅游，实际是人生的修行。修行是不能骗人的，骗人就是骗己。

东汉应劭在《泰山封禅仪记》里写道："仰视天门窈辽，如从穴中视天，直上七里，赖其羊肠透迤，名曰环道，往往有絙索可得而登也，两从者扶挟，前人相牵，后人见前人履底，前人见后人顶，如画重累人矣，所谓磨胸捏石扪天之难也。"孩子虽然还小，但是此番记忆如同树木上的铭痕，不仅不会消失，还会历久弥深。我们相信，孩子一辈子，登泰山不会仅仅这一次，等到他长大以后，再度登泰山，或者学习相关课文、阅读书籍时，回想起来，应该庆幸5岁徒步登山的决定。要让岁月留给人醇厚的回忆，当时需要付出一点艰辛。

登山与其说是对孩子的考验，不如说是对父母的挑战，因为真正爬下来，最累的不是孩子，而是大人。孩子很享受沿途的乐趣，适当给一点奖励就精神倍增。而且再乏累，一夜过去即恢复如初，而大人往往几天缓不过劲来，并最先打退堂鼓。但是，我们还是克服自身的惰性，一次次把目光投向更高更远的地方。"立人立己，达人达己"，父母是一种特殊的职业，最好的"备课"是永不放弃自我成长。

登山会不会损害孩子膝盖？

运动有益健康，但是过度运动或者不当运动会损害身心。孩子年龄太小时不适合登山，对于"裸跑弟""2岁勇攀高山"（富士山）我们持保留态度。时常能看到一些报道，有些获得世界冠军的运动员退役后伤病累累，令人叹息。因此，有关孩子运动的科学问题，需要给予重视。

一般认为，登山对膝关节有好处，也有坏处。登山过程中，无论是上山，还是下山，膝关节都承受一定的重量。如果运动量较大，超过承受的范围，或者运动方式不当，例如跳上跳下，忽快忽慢，容易导致膝盖半月板磨损，且不可逆。但是，适量登山，注意科学性，可以让膝关节附近的肌肉群得到锻炼，有助于增强膝关节的力量，且延缓膝关节的老化、退化，改善膝关节疾病的症状。综合起来看，登山运动是件好事，关键是方法要科学：

第一，养成运动习惯。平时经常带孩子走一走，跑一跑，跳一跳，做做各种适合的运动，增强体力和耐力，每次运动前做一些必要的准备工作。

第二，坚持循序渐进。小的时候可以爬一爬小土丘，或者楼梯，感受登高运动的过程。稍大一些，可以选择海拔300—500米的山丘爬一爬，然后再爬800—1000米的山。

第三，每次运动不蛮干。允许孩子累了多休息几次，包括父母亲抱一抱（事实上孩子能自己爬，往往不会选择让父母抱），不乱加斥责，不好高骛远。

第四，调节情绪很重要。心情与运动效果正相关，除了注意科学性，也要注意艺术性，不仅仅把登山作为锻炼，也作为人生的修炼，多激励，多交流，多分享。

远足

据《西南联大校史》载……第三批为"湘黔滇旅行团"，由290名学生和11名教师组成。随队的11名教师组成辅导团，由黄钰生教授领导，成员包括中文系教授闻一多、教员许维遹、助教李嘉言；生物系教授李继侗、助教吴征镒、毛应斗、郭海峰；化学系教授曾昭抡；地质系教授袁复礼、助教王钟山等人。……师生身穿湖南省政府赠发的土黄色崭新制服，裹绑腿，背干粮袋、水壶，外加黑棉大衣一件，雨伞一柄，犹如一支出征的正规部队。全团分为2个大队、6个中队、18个小队。大队长分别由教官邹镇华、卓超二人担任，中队长和小队长分别由学生担任。2月20日，旅行团大队人马离开长沙，一路经湘西穿越贵州，翻山越岭，夜宿晓行，跋涉1600余公里，日夜兼程68天，除车船代步和旅途休整外，实际步行40天，约1300公里。……队伍进入昆明圆通公园，在唐继尧墓前举行了隆重的欢迎仪式，旅行团团长黄师岳站在队前逐一点名完毕，将花名册送交梅贻琦。这个简单神圣的仪式，标志着历史上从未有过的学生旅行团，成功地完成了由湘至滇的千里奔徙，全体成员平安抵达目的地，黄师岳与随团的官兵也完成了政府赋予的光荣使命。自此，数千名师生在昆明正式组建了足以标榜青史、永垂后世的西南联合大学。

《南渡北归》，岳南著
湖南文艺出版社2011年版

🕐 2014.10.08

😊 4岁6月

　　国庆节爸爸妈妈以及他们的朋友带我走徽杭古道。10月4日下午，我们先到龙川游玩，晚上住到徽杭古道的入口江南村。

　　10月5日，一大早我们出发。我从家里一路带来的一根拐杖派上了用场，妈妈现场买了一根竹棍。古道开始的路铺着宽大的青石板，比较好走。大约5公里，到达"江南第一关"后，逐渐变成碎石子路和泥路，而且有些地方也陡峭起来。我们一路上慢慢走，走了4个多小时，到达"下雪堂"。路上我没有要他们抱，有时走累了，我就一屁股坐下来休息一阵子再出发。到"下雪堂"的时候，他们都累坏了，在旅馆休息，可是我不累，在床上翻来滚去。

　　午饭后，我们继续前往蓝天凹。又走了3个多小时，在那里看见很多人搭了帐篷，准备野外宿营。5点多钟，我们开始往回走，回到"下雪堂"时，这下我真的累了，吃过晚饭爬上床很快就睡着了。睡着睡着，"咚"的一声响，我一骨碌滚到地板上。爸爸把我抱上床，安慰了我几句，我迷迷糊糊的也不知道疼，又睡过去了。

　　10月6日，我们本来准备绕经"障山大峡谷"折回，不过，同行的一位阿姨腰疼，吃不消，于是原路返回。又经过"江南第一关"时，发现另有一条新路，我说我们走新路吧！后来我们从"逍遥谷"回到出发的古道口。整个走下来，又花去4个多小时，我都是自己走的，没有要他们抱。

　　远足，通常指在城郊、农村或者山野间进行较长距离的步行运动。远足不是体育竞赛的竞走，也不同于普通的散步，有些长途远足还包括翻山、度岭、穿越以及野外露营，接近于探险。因为远足不太需要技巧和装备，方式比较简单，所以日渐成为现代都市人热衷的户外休闲活动。喜欢远足的一批人常被称为"驴友"，因为远足要像驴一样能背能扛、吃苦耐劳，有时还要像驴一样倔强，不达目的不罢休。

　　徽杭古道是国内十大徒步路线之一，也是驴友入门级的登山步道。很早以来，我们就有走徽杭古道的想法，考虑到孩子已经4岁半，平时没有间断过锻炼，体力耐力都还好，于是趁着节日，约上朋友，欣然出发。登山路上比想象的要顺利，孩子没有抱怨苦累，有时走得比大人还快。沿途风景异常优美，且不断有驮着包袱的驴友，包括骑自行车的，以及老年人，看到我们孩子不时夸奖一两句，更增添了他的信心和决心。中午到达下雪堂，已经是一半路程。休整之后，孩子更加来劲，一鼓作气走到蓝天凹。那里是古道露营的首选之地，也是多数人选择原路折返的终点。因为过了蓝天凹，即到浙江境内，基本是下山路，且风景逊色不少。折返如果不想走回头路，可以选择岔向"障山大峡谷"，但是需要大半天，且听说部分路段不太好走，我们放弃了。原路返回到江南第一关时，有两条路可以回到古道入口，孩子愿意走另一条比较艰险的新道，我们当然很乐意陪同。

　　总的来说，徽杭古道确实是驴友入门级步行经典线路。一是路程适中，两天20公里，比较能接受。二是风景优美，系国内风景排在前列的步道之一。三是海拔不高，路途也不算太险，入口一段青石板路，平坦舒适，别有一番味道。四是选择多元，可以一条道走到头，可以中途折返，也可以绕道大峡谷返回，推荐父母们带孩子一试。

🕐 <u>2015.06.01</u>

😊 <u>5岁2月</u>

　　昨天约了阳阳、喵喵去"南京眼"江边绿道参加远足活动。爸爸一大早起床，把我也喊了起来。我们8点半赶到现场，来了不少大哥哥大姐姐，约有上万人。我们凭着先前登记的信息，每人领到一件活动衫。我穿上活动衫，就像穿了件大裙子，很舒服。大约10点，活动开始了，我们沿着绿道往鱼嘴公园走。路上我自己背着小书包，像一阵风一样，跑得飞快。走了1公里，喵喵决定退出，先回去了，阳阳还在前面走。我去追赶他，不小心摔了一跤，把腿摔破了，这下跑不起来，只好慢慢走了。

　　天越来越热，走到2公里的地方，阳阳不肯再走，也回去了，我一边听着随身广播里的故事，一边坚持往前走。我还对妈妈说："你不是说做事要坚持吗，我要继续往前走。"妈妈说坚持到终点，就给我买一个小礼物。后来我们终于走到鱼嘴公园，坐下吃了两个苹果，又返回来。这次来回共走了6公里，我一点也没有喊累。

上个世纪80—90年代，因远足而成为轰动一时的探险家要数"中华壮士"余纯顺。因为家庭、工作、婚姻等多种原因，余纯顺选择了一条当时看来非常别样的人生之旅，1988年7月1日开始孤身徒步走中国。他首次成功走完川藏、青藏、新藏、滇藏、中尼公路全程，创造人类历史上孤身徒步"世界第三极"的奇迹。后来1996年在即将完成徒步穿越新疆罗布泊全境时，不幸罹难。

余纯顺在外风雨八年，穿破50多双鞋子，行程4万多公里，41码的脚走成了43码，成为我们当年的精神引领。正如其墓志铭所写"倒下的是躯体，前进的是灵魂；中断的是旅程，不朽的是精神"。继余纯顺之后，2008年10月9日—11月9日，中国人雷殿生历时31天，行程1100公里，成为徒步穿越"死亡之海"罗布泊的第一人。如今，随着生活观念的改变和GPS等技术的发展，越来越多的人加入远足乃至探险的行列，在广袤的大自然拓展人生的长宽高。

和同龄人比较发现，我们的孩子比较能吃苦，腿摔破了，其他小朋友退出了，他仍然能坚持下去，这正是我们带他远足的初衷。人生何尝不是一次远足，修行就在平常的点点滴滴。

🕐 <u>2016.06.17</u>

😊 <u>6岁3月</u>

端午节，爸妈带我去安徽仙寓山玩。6月9日一大早出发，下午1点多钟到达，入住一家农家乐。合肥有一家父母，带着一个小妹妹也来玩，小妹妹名叫洋洋。爸妈在房间休息，我不要睡觉，就和洋洋以及农家乐的一个小朋友玩。农家乐养了好几只土鸡，在门前四处溜达，有山泉从屋后汩汩流淌下来，水流清澈。下午3点多钟我们开车去神龙谷，那儿有山间小溪、瀑布，还有水帘洞。再往里到了富硒村，有一座亭子叫沧浪亭，过了亭子，绕到溪边，可以在水边玩。后来我们沿着谷底走了一圈后，渐渐绕到山上，看见60亩的一片古树林，很多树龄在300年以上，非常壮观。晚上我们坐在房前空地上赏月亮、数星星、看大山、吹山风，感到很愉快。

6月10日，我们一大早起来，去榉根关古道那里看云海。古道中途有一观景台，周围很开阔，前后空旷无人。那里云海很壮观，一阵一阵的云团在山间奔涌，山风阵阵吹来，似雾似仙。我们呆呆看了半天云，又继续开到七彩玉谷，走谷底古道。我一边走，一边看溪边小鱼，打水仗，捉毛毛虫。经过一处金龟戏水，又路过一处石壁岩画。山间依然没有什么人，爸妈和我不时静坐在山岩上，看水花飞溅，听流水叮咚，哗哗奔流不息。古道曲曲弯弯，很长很长，我们走了半天，发现还有更多延伸入树林深处，路边标牌注明古道直通祁门。

绝大多数人生来有两只脚，看上去普普通通，毫不起眼，但是阿根廷的托马斯·卡洛斯就凭两只脚，10年走遍五大洲，徒步47988.42公里。我们带孩子远足并非要做职业探险家，只是想让他从小具有一点不畏艰险、勇往直前的精神，知道"这世界不止眼前的苟且，还有诗和远方"。

　　有了徽杭古道、九寨沟等远足经历，这次安徽仙寓山之行可算是 a piece of cake。仙寓山，系黄山西脉，横跨安徽省东至县和石台县，为东至、石台、祁门三县交界，因风景优美，被誉为"仙人居住的地方"，主峰海拔1376米，是皖南第四高峰。景区内的榉根关古徽道，始建于唐代，至今仍保存完好，另有仙寓峡谷七彩玉谷。景区内峡谷幽深，古道纵横，有流泉瀑布、天然溶洞、参天古树。因为入山道路不畅，交通不便，平时游人稀少。不过随着旅游开发，仙寓山名气已经渐渐大起来。

　　不少朋友担心节假日人多车多，堵在路上，或者住宿吃饭服务太差，我们的做法是提前准备好计划书。首先，尽量找游人稀少、风景又不错的景点。其次，提前查找线路、预订民宿。第三，出行或早或晚，避开高峰，同时要有一定的预案，以备临时调换线路、住宿或景点。最后，每次回来后修订完成计划书的实践版，以备下次出行或者朋友需要。几年下来，我们保留了数十个出行计划书（实践版），基本上没有遇到大堵的情况，而且所见风景都还不错，有些甚至优于热门景点。

2012.11.23（2岁8月）

上午妈妈带我去宝船公园玩，路上我问妈妈："能给我买一根棒棒糖吗？"妈妈说没有钱，我就哭了。过了一会儿，我又说："妈妈，哪里可以买钱呀，我们去买钱吧！"

2013.01.30（2岁10月）

前几天隔着公园看海德卫城的高楼，我说就像一个个大玉米。昨天晚上看见月亮弯弯的样子，我说像跷跷板。今天，我看到不少圆形交通指引牌，依次横着排列在路杆的上方。我说，快看，这些牌子就像糖葫芦。

2013.02.09（2岁10月）

我们回老家，下了大雪之后，我拿着乡村农具棉花制钵器，在雪地里印了好多圆雪片，中间有一个小点点。我说这里有好多甜甜圈呀！我还拉着乡下奶奶跟我看甜甜圈。昨天看故事书，里面有好多句号，我也说，这里有好多甜甜圈啊！

2013.02.20（2岁11月）

我现在习惯说，我好长时间没有……如昨天路上见到卖铁棍山药的，我就说，我好长时间没有吃铁棍山药了，今天我又说，我好长时间没有吃水饺了。晚上妈妈特地为我买了二两水饺，不过买了回来，我一只也没有吃。

巧技

　　明有奇巧人曰王叔远，能以径寸之木，为宫室、器皿、人物，以至鸟兽、木石，罔不因势象形，各具情态。尝贻余核舟一，盖大苏泛赤壁云。

　　舟首尾长约八分有奇，高可二黍许。中轩敞者为舱，箬篷覆之。旁开小窗，左右各四，共八扇。启窗而观，雕栏相望焉。闭之，则右刻"山高月小，水落石出"，左刻"清风徐来，水波不兴"，石青糁之。

　　船头坐三人，中峨冠而多髯者为东坡，佛印居右，鲁直居左。苏、黄共阅一手卷。东坡右手执卷端，左手抚鲁直背。鲁直左手执卷末，右手指卷，如有所语。东坡现右足，鲁直现左足，各微侧，其两膝相比者，各隐卷底衣褶中。佛印绝类弥勒，袒胸露乳，矫首昂视，神情与苏、黄不属。卧右膝，诎右臂支船，而竖其左膝，左臂挂念珠倚之——珠可历历数也。

　　舟尾横卧一楫。楫左右舟子各一人。居右者椎髻仰面，左手倚一衡木，右手攀右趾，若啸呼状。居左者右手执蒲葵扇，左手抚炉，炉上有壶，其人视端容寂，若听茶声然。其船背稍夷，则题名其上，文曰"天启壬戌秋日，虞山王毅叔远甫刻"，细若蚊足，钩画了了，其色墨。又用篆章一，文曰"初平山人"，其色丹。通计一舟，为人五；为窗八；为箬篷，为楫，为炉，为壶，为手卷，为念珠各一；对联、题名并篆文，为字共三十有四。而计其长，曾不盈寸。盖简桃核修狭者为之。嘻，技亦灵怪矣哉！

《核舟记》，[明]魏学洢

选自《虞初新志》

025

🕐 <u>2012.12.23</u>

 <u>2岁9月</u>

　　昨天我们在新城广场打篮球，我已经能熟练地投篮，不管大球小球都能投进去。昨天我投篮又有了新变化，我会一次性把4只球都抱出来，然后一个一个往里面投。如果哪只球没有投中，我就连续不断地投那只球，一直到投中为止。有时我能一次性把4只球都顺利投中，有时我会费些劲，花比较长的时间才能做到，不过我会坚持不放弃，一个晚上反复如此好几轮。

🕐 <u>2016.03.20</u>

😊 <u>6岁</u>

　　爸爸给我读故事。我连续十天终于听完《古希腊神话故事》，爸爸说可以奖励我一个小礼物。我买回来一个奇趣蛋，里面是一个小篮球架。其中有三个环，可以拼搭成一个篮球，在桌上进行投篮游戏。虽然不太容易投进去，但我的手指比较灵活，很快就学会了。爸爸妈妈没有我灵活，我就在一旁指导他们。

孩提时代，各种技巧性运动如打球、跳绳、投篮、轮滑、骑车、手工等都可以尝试，不仅可以锻炼手脚的灵活性、动作的协调性、反应的敏捷性以及手眼身体的全方位配合，如果是团队运动，还有益于熏陶团队意识，培养合作精神，学会与同伴的良好交往。儿童的快乐，多半来自与同伴们的玩乐，特别是孩子一旦上小学以后，时间骤然趋紧，在学龄前让他们充分玩耍，显得尤其必要。

这里记录孩子玩的投篮是儿童游乐场娱乐项目。篮球不大，篮筐也不高，2岁多的孩子即可以玩起来。不过，中间距离也有1.5—2米，需要用一些力气和技巧。一开始，需要父母适当示范，让孩子体会角度、力道、方向。大多数孩子的协调性、灵活性没有问题，关键在于反复练习。从记录可见，我们的孩子也有失败和沮丧，这时候一方面需要鼓励，另一方面需要帮助孩子分析问题所在，提高技巧。最重要的是，大人要有耐心，不急不躁。

等到孩子四五岁以后，可以练习真正的篮球，例如拍球、带球走等。练习前可以和孩子商定一个目标（注意不宜硬性单方面指定），如一分钟连续拍球50个或者累计100个。除了练习右手拍球，也要有意识地训练左手（左撇子相反），让孩子的两只手、左右大脑都能得到活动。平时购买的小玩具中，也有活动手指的设计，如上面的奇趣蛋，费用不足10元，玩起来非常有趣。孩子在教大人的时候，很有成就感，不妨多留心一试。

2016.03.15

6岁

上周六我们去江边散步，我说我骑自行车去吧！爸爸把后边辅助轮都去掉，我还是第一次骑两轮车。一开始我要爸爸扶着，后来不要扶我也能骑了，只是不太会上车。我坚持自己探索解决，我发现用脚先踮一踮，只要有些动力，让车不倒，然后赶紧把两脚放在踏板上，就能骑行。这样不久，我就完全学会了。我一直骑到绿博园，在那里玩了半天。后来又骑着回来，来回接近10公里。妈妈奖励我，给我买了一个冰淇淋。中间有一阵子，我上车不行，又不想让他们扶，急得要哭，后来慢慢好些了。妈妈答应我再大一些，给我买辆好车。爸爸说，那时他可以和我骑到更远的地方玩儿。

2016.03.20

6岁

这几天跳绳，我学会了不少花样，正跳、反跳，单脚左跳、单脚右跳，双脚跨跳、双脚反跨跳，爸爸表扬我能主动学习。不过，我还不会双飞，因为我掌握的方法不对。我说杨杨已经会双飞了，爸爸问我是亲眼看见的吗，我说是他自己说的。爸爸说虽然双飞很难，不过我坚持练习也一定会跳，爸爸鼓励我继续努力。

生活中有两类知识，一类是理论性知识，即"是什么"，一类是实践性知识，即"怎么做"。以自行车为例，前者是为什么骑自行车可以不倒下来，后者是怎么骑自行车才能不倒下来。孩子学习的起始阶段，不仅应掌握大量理论性知识，也应掌握一定的实践性知识，例如踢球、游泳、轮滑、剪纸、弹琴、书法等。

　　实践性知识有两个特点，一是光知道"是什么"不够，还需要反复练习，从中体悟原理，形成技能。二是有些实践性知识与身心发展阶段密切相关，错过合适的年龄将事倍功半。例如弹钢琴、练体操，通常认为宜早不宜迟，孩子年龄小，手指跳动灵活，身体柔韧性好，练习效果佳，而书法、剪纸，晚一些没有关系。常有大器晚成的书法家，鲜有大器晚成的钢琴家。

　　每个孩子都可能会遇到骑自行车的问题。骑自行车是典型的实践性知识，光教给孩子"是什么"还不够，还要带着孩子多次操练"怎么做"。而且也不宜太早起步，需要等孩子身体发育到一定程度，手臂力量足以驾驭车辆才可水到渠成。过早提要求，父母在旁边喊破了嗓子，有可能孩子还是不敢骑、不会骑。明白了两类知识的区别，以及实践性知识的特点，作为父母就可能在家庭教育中少走弯路，也少对孩子提过分的要求，最大程度保护孩子学习的主动性、积极性，而不是拔苗助长，或是吹毛求疵。

跳绳是中国传统民间体育运动之一，历史悠久，简单易学，健身效果明显，也很有趣味。不要小看一根绳子，小绳子里面也有大学问。2014年第二届夏季青年奥林匹克运动会在南京举行，孩子爸爸参与筹办工作，负责青奥村的文化教育活动，邀请到上海跃动花样跳绳队进行专场表演，与他们的领队李胜席（全国跳绳表演赛冠军）、主力队员谢长磊（连续三届全国跳绳公开赛交互绳花样赛冠军）多次接触，得知他们的"花样跳绳"还真是跳得不同凡响，不仅是青春与活力的象征，也是文化与友谊的载体。2016年巴西奥运会期间，他们作为国内唯一受邀表演团队，先后在奥运村进行暖场表演50场，是除北京奥运会外中国表演团队首次为国际夏季奥运会进行暖场表演。

其实，不光是跳绳，其他传统民间体育运动，如踢毽子、抖空竹、甩陀螺、放风筝、滚铁环、玩弹弓、射箭、摔跤等，都可以带着孩子玩一玩、试一试。一方面是增长见识，促进身心健康，另一方面也是弘扬传统文化。我们多次带孩子在江边绿道散步，经常看到有人进行各种花样的游乐。有的自制脸谱风筝，一根线串了上百个脸谱，放出去总长达400—600米。也有人夜晚玩弹弓，隔着5—10米的距离，用网购的泥丸打瓶盖，凭着微弱的光线，几乎百发百中，由此见证《卖油翁》"熟能生巧"的道理。

明朝张岱说"人无癖不可与交，以其无深情也；人无疵不可与交，以其无真气也"（《陶庵梦忆》卷四）。袁宏道也说"余观世上语言无味面目可憎之人，皆无癖之人耳"（《瓶史·好事》）。现在的孩子因为学业负担重，没有时间精力顾及"癖好"。很多家长也认为这些游乐属于"小儿科"，"玩物丧志"，不如钢琴、芭蕾、围棋来得"高雅"，也无法作为特长"展示"。但我们认为如此认识有些"短视"，想法过于功利了一些。品读当代"大玩家"王世襄、马未都等人的玩物心得书籍，可知玩物不一定丧志，关键在于怎么玩。我们还是希望在孩子青少年时期，能够带着他多接触这些传统游乐项目。

衣食

　　我出生以后，家境仍然是异常艰苦。一年吃白面的次数有限，平常只能吃红高粱面饼子；没有钱买盐，把盐碱地上的土扫起来，在锅里煮水，腌咸菜，什么香油，根本见不到。一年到底，就吃这种咸菜。……大概到四五岁的时候，对门住的宁大婶和宁大姑，每到夏秋收割庄稼的时候，总带我走出去老远，到别人割过的地里去拾麦子或者谷穗。晚上回家，把篮子递给母亲，看样子她是非常欢喜的。有一年夏天，大概我拾的麦子比较多，她把麦粒磨成面粉，贴了一锅子死面饼子。我大概是吃出味道来了，吃完了饭以后，我又偷了一块吃，让母亲看到了，赶着我要打。我当时是赤条条浑身一丝不挂，我逃到房后，往水坑里一跳。母亲没有法子下来捉我，我就站在水里把剩下的白面饼子尽情地享受了。

《季羡林散文精选》，季羡林著

译林出版社2009年版

2013.02.09

2岁10月

　　前天夜里，一开始我睡在爸爸妈妈中间，盖了两条被子，我感觉太暖了，爸爸就把我单独放在床的最里边，只在上面盖了一条被子。半夜里爸爸一摸，我的脚冰凉，又一摸，我的手也冰凉，他吓坏了，喊一喊我，也不答应，差点以为我冻死了。但是，听听呼吸还正常。爸爸连忙把我搂在怀里，好一会儿我的手和脚还不暖，一直到几个小时之后才暖和过来。早上起来，爸爸问我冷不冷，我说不冷。

但凡为人父母，无不把孩子温饱冷暖放在心上，不少家庭有老人参与的话，照看孩子起居时更是无微不至，条件好一点的家庭还有专门的保姆负责烧菜做饭。大多数孩子从小衣食无忧，往往带来不少问题，胃口差、挑食、爱吃零食，以及生活自理能力不足等，有些甚至到了匪夷所思的程度。这样的孩子，即使是"学霸""考霸"，将来工作、生活、与人交往也会有大问题，我们不希望孩子如此。

都说小孩屁股上有三把火，确实如此。孩子其实怕热不怕冷，欧美、日本小孩在冰天雪地里，能穿着单薄外衣跑来跑去，一方面是环境所致，另一方面是习惯使然。中国的孩子，从小带得偏暖，尤其是有老人帮着看护的家庭。因为老人感受温度比较迟钝，和孩子相反，怕冷不怕热，会不知不觉多给孩子穿衣服。为了避免家庭冲突，我们的原则是控制衣服件数，无论冬天多冷，下身坚持只穿2条裤子，上身穿3件半外衣（背心算半件），特殊情况除外（例如外出到更冷地区）。

上面的记录记忆犹新。当时带孩子回老家，盖纯棉花絮被子，保暖效果好，孩子一暖就乱滚乱动。后来把他搁到床边，夜里一摸，全身冰冷，真的以为"冻"死了。不过第二天孩子像什么事没有发生那样，照样活蹦乱跳，也没有感冒流鼻涕，可见孩子不怕冷。另外，每次洗澡，发现他总是说水"烫、烫、烫"。因此，如果从小给孩子洗冷水澡，他们也会适应，只不过，很少有家长能够"狠"下心来这么做。

2014.02.04

3岁10月

　　昨天在亲戚家做客，我一连吃了十几块糖。我还威胁爸爸，如果不给我看动画片，我就吃糖。后来爸爸打了我一下，又和我认真谈心，告诉我不能多吃糖，吃多了要蛀牙，小朋友要从小养成好习惯。爸爸问我要养成哪些好习惯，我说第一要多喝水，不能喝饮料，第二要多吃饭，第三不要乱扔东西，第四不要在家里吵闹，第五不要咬爸爸衣服。爸爸对妈妈说，这孩子道理都懂，就是做不到。

2015.01.29

4岁10月

　　上周二，我吃饭磨磨蹭蹭。后来妈妈过来让我快点吃，结果我把碗碰落到地上，饭也洒了一地。爸爸气坏了，让我把地上的米捡起来，我不肯，他就打我的手。我一哭，姥姥就过来了，我看见援兵，哭得更厉害。不过爸爸不让姥姥管，而且在旁边"看"着我捡米粒，妈妈也在旁边催我快点，我只好把地上的米粒捡了起来。我的鞋帮子也弄脏了，爸爸让我换了鞋，然后带我拖地。等拖好地，又盛来一碗新米饭，让我吃掉。爸爸妈妈说以后就这么办，自己做错的事，自己负责善后。

　　季羡林先生在《赋得永久的悔》中讲他家境差，整年只能吃"红的"，以至于"谈红色变"。只有靠自己辛勤劳动"拾麦穗"，才能偶尔换来一点"白的"，吃起来的感觉仿如"龙肝凤髓"。也有时候自己这个"不到三块豆腐高的孩子"，去二大爷田里劈高粱叶，背着一大捆高粱叶走进二大爷的大门，把叶子放在牛圈里赖着不走，好不容易能蹭上一顿"黄的"。看似简单不过的"红的""白的""黄的"，写尽了解放前底层百姓家里的窘迫与困顿。

　　不要说解放前，就是到了上个世纪70年代，很多农村地区依然相当贫穷。孩子爸爸出生在苏中某地，小时候家里虽然不能说一贫如洗，也属于室无长物。记忆中吃得很差，素食为主，很少开荤，米饭中时常要添些粗粮，土豆白菜不能保证数量。读初中正是长身体的时候，中午放学前常有"饥肠辘辘"的感觉。过年时会蒸很多"酵条"（馒头条），晒干切片后存放到春夏季节作为"点心"，每天限量带几片去学校。但是同学中还有比孩子爸爸家更穷的，看见了就来"讨要"，孩子爸爸每次都要分一些给他。经常盼着家里来客人，因为只有来客人，才能改善伙食，蹭一点花生米、煮鸡蛋吃。还有就是盼着过年过节，因为只有过年过节，才有麻饼、桃酥或者月饼吃。中秋节的一块月饼不是一次吃完，而是分成八块，藏在壁橱里，每天放学回来吃一点，确实感觉如龙肝凤髓。

　　虽然这些情况异常真实，仿佛就在昨天，但是距离现在的孩子已经十分遥远，很难通过"忆苦思甜"让他们增加"胃口"，因此简单说教并不奏效。我们家庭能够做的，一方面提高饭菜质量，尽量烧得可口一些吸引孩子，另一方面是巧妙做"思想工作"，提高"认识"，培养良好的饮食习惯。但是有一条原则：坚决"不开小灶"，不让孩子吃独食。不知道等孩子再大一些，了解人类艰辛的生存发展史后，能不能更加深入体会"一粥一饭，当思来之不易；半丝半缕，恒念物力维艰"？！

汉高祖刘邦分封功臣，其中萧何居功至伟，刘邦一开始准备封给他很多肥沃的良田，可是萧何坚决不接受，相反要了贫瘠的次田。刘邦不解，萧何说次田可以督促子孙自食其力、勤于耕作、懂得节俭，防止不思进取、好吃懒做。果然，当时被分封的很多功臣家族很快没落下去，而萧何家却长期兴旺不衰。曾国藩在给儿子曾纪泽的家书中也说"凡世家子弟，衣食起居无一不与寒士相同，庶几可以成大器"，曾氏一族绵延百余年，人才辈出，与曾国藩的治家理念不无关系。中国实行独生子女政策30多年，不少家庭属于"421"结构，信奉"再穷不能穷教育，再苦不能苦孩子""不能输在起跑线上"等观念，对孩子过度溺爱，宁可自己节衣缩食，也不愿让孩子受一丁点儿委屈。本来，"穷人的孩子早当家"，可是现在中国已经出现"全民富二代"的可怕现象，以至于"熊孩子"报道频出。其实，无论是家境优渥，还是家徒四壁，作为父母都应当帮助孩子建立正确的物质观、金钱观和价值观。无论是男孩，还是女孩，都不宜简单、片面地谈"穷养""富养"，而是应当把重点放在如何正确地"教养"上面，倡导衣食简朴，防止物质至上。

孩子把饭泼出来，我们没有过多责怪他，主要责怪的是他做了错事，自己不想担责任，所以才有后来的冲突。这种情况下，我们的原则是"自己的事情自己负责到底"，而且父母思想上要高度一致。父母之间没有分歧，即使家里老人有所"包庇"，也不会有大碍。另外，孩子小的时候，做事情"毛手毛脚"，容易泼饭、泼牛奶、泼水，既有主观原因，也有客观原因。客观原因是小孩的手指肌肉未发育完全，动作精细度不够，大人的要求不是一下子就能达到。因此，对待孩子泼奶、泼饭，既不能一味"纵容"，也不宜一味"谴责"。解决的办法，一方面可以把瓷碗、瓷杯换成塑料碗杯，不怕摔，另一方面要带孩子多练习拍球、跳绳、手工，提高动作的精细度。任何时候，要靠方法而不是靠情绪解决问题。

安全

　　到了4岁左右的孩子，最可怕的事故就是交通事故。一个人出门玩，或在马路上和朋友玩，被车撞伤的事故较多。必须禁止孩子和朋友们在马路上玩，特别是玩球，是很危险的，孩子去追滚远的球，而跑到马路中间会被车撞上。在公园里和小朋友一起玩，要回家时，发现了出来买东西走在马路上的母亲，跑着过去时被车撞上的例子也是有的。母亲看到孩子后，应该先走到孩子那里。

　　三轮车也是危险的，在下坡时就是不蹬车，车也会自动下滑，因此，孩子喜欢在坡地玩。但三轮车没手闸，想要躲闪前边的车辆而躲不开时就会撞上。马路上如果有空的大纸盒箱子，母亲看见后应把它拆坏扔掉。因为钻进空箱里被车撞了的事故过去也时有发生。

　　不要让孩子靠近扔旧冰箱的地方。因曾发生过孩子打开冰箱门，钻了进去而导致窒息死亡的事故。也有在建筑工地的沙堆上玩被埋在里边的事故。

《育儿百科》，［日］松田道雄著，王少丽主译
华夏出版社2002年版

🕐 2013.03.10

😊 3岁

　　星期五爸爸送我上学，路上停车等红灯，后来再骑自行车时，爸爸突然发现骑不动，马上停了下来。我这时也哇哇大哭起来，因为我的左脚不小心裹到自行车轮里面，轮子一转，我的脚就被卷了进去。好在有鞋子隔着，而且我的脚比较小，车速又慢。不过爸爸还是吓坏了，赶紧停车帮我揉脚，又让我一定要小心，把脚放在脚蹬上。

安全无小事。时常能看到各地报道新生儿意外死亡的消息，例如让婴儿俯卧，或者被子蒙得太紧、奶头堵嘴，都可能导致婴儿窒息夭折。其他与孩子安全有关的主要是交通事故、食物中毒、坠楼、溺水、烧伤等。发生儿童安全事故，家庭方面的主要原因，有的是忙于工作而疏于对儿童的照顾，麻痹大意，掉以轻心，有的是物品放置、使用、管理不合理，有的是横穿公路、经过河塘时教育看护不到位，还有的是缺乏防止儿童意外伤害的强烈意识，根本想不到孩子会出事。"生了孩子，就要对其负责"，因此，父母在日常生活中，要提高安全意识，掌握必要的安全知识，尽最大可能防止孩子意外伤害事故，以及在事故发生后把伤害降到最低限度。

　　儿童时期交通安全是重点。孩子爷爷多次说，当年他骑自行车，带着他的外甥去某地，外甥不小心脚被裹到了后轮里面。由于年龄较大，脚比较大，外甥受伤不轻，两人当即赶到医院进行紧急处理，至今他外甥脚上还有受伤的痕迹。大中城市车辆行人交织，特别是上下班高峰，交通比较拥堵，很多人急着赶时间，容易发生交通事故。应对办法除了"事急人不急"，注意观察周围情况之外，也需要采取一些"硬措施"。比如，在自行车或者电动车后轮外面加装防护罩和脚蹬，平常教育孩子把脚踩在脚蹬上。冬天结冰路滑时慢速行驶，必要时推行。

🕐 2014.06.01

😊 4岁2月

　　今天是"六一"儿童节，不过天气不好，昨天夜里开始刮大风下大雨。我在床上逗引爸爸挠我痒痒，爸爸抓住我的两只手，没有使什么劲，我的右手就不能动了，爸妈只好带我去儿童医院。找了医生说是半脱臼，医生抓住我的手反向使劲一扭，我疼得大哭，医生说好了。但是过了几十分钟我还是说疼，医生让我去拍片子，结果看片子是好的，医生说因为我长大了，脱臼复位之后，韧带不像以前容易恢复，让我们回家再观察。

　　下午三四点钟，我还是嚷疼。爸爸上网查资料，发现儿童手臂脱位很正常，首发复位也很简单，不过如果一直疼，就是没有复位好。网上有复位的视频，爸爸说和医生的操作不太一样，于是我们下午5点多钟又赶到儿童医院。这次急诊是另一位医生，他开了单子让我们去骨科会诊。我们到病房楼找到一位刘医生，他拉着我的手轻微转动了一下，我疼得眼泪直掉，然后问我能不能举手，我因为疼怕了，不敢举起来。后来妈妈带我去买玩具，我一眼看中一个鹦鹉，妈妈说如果能举起受伤的手就买，我一下子就举了起来。后来我把手举过头顶也不疼，玩玩具也不疼，我高兴地跑过去找爸爸，这一次真的复位好了，爸妈挺高兴。

松田道雄先生在《育儿百科》中说："常有这种情况发生，即在拉着孩子的手散步时，突然从旁边开来了汽车，母亲被吓得慌忙把孩子拉向自己，孩子会'痛、痛、痛'地一个劲儿地叫，被母亲拽过的胳膊耷拉着；在床上翻来滚去的孩子不愿起来，母亲拉起一只胳膊叫孩子'快起来'时，也会发生这种情况。孩子的胳膊完全不能动，稍一碰就痛。这叫桡骨头半脱位，是桡骨头从肘关节韧带处脱离而发生的。带孩子到外科就诊，会容易被医生当场复位。易发这种病的孩子，以后也会多次发生，到了5岁时就会好了。"确实，此前我们孩子已经发生过一次"桡骨头半脱位"，那一次复位很快，也不疼，孩子几乎没有感觉。不过，这一次不成功，我们感觉和医生的手法水平有很大关系。我们去的是比较著名的专业性儿童医院（三甲），问诊的也非疑难杂症，按照道理不应该出现复位不成功的情况。我们也借此教育孩子，要多学真本领，长大才能更好地胜任工作，为他人服务。

2015.02.05

4岁10月

　　昨天晚上，爸爸买回来2只大螃蟹和6只小螃蟹，我吃了一些蟹黄，挺好吃。后来爸爸切了2个猕猴桃给我，我吃了1个，不一会儿我就说要吐，一边说一边到卫生间开始吐。吐了几口之后，我说好多了。可是不久，我又要吐，这一次更厉害，把晚上吃的饭、汤、巧克力等都吐了出来。后来我对爸爸说，我在床上躺一躺吧。哪知在床上还要吐，这下子把肚子里什么东西都吐了出来。吐过之后，我说口渴要喝水，一下子喝了不少水。可是过不多久，我又把喝下去的水全都吐了出来，折腾到夜里两三点钟没有睡着，肚子一直不舒服。爸爸好几次起床看我，问我要不要去医院。后来肚子好一些，不疼了，我又要喝水，爸爸怕我吐，每次只给我喝一点点水，有一次加了一些盐。我一喝，说这水怎么有味道呀，爸爸说因为我吐得太厉害，缺盐。到早晨四五点钟，我说肚子不疼了，爸爸又让我多喝了些水，哪知不久我又把喝的水全吐了出来，还把被单吐湿了，一直到早晨6点多钟才勉强睡了一会儿。本想去医院，妈妈说再观察观察，就没有去。

　　8点多钟起床后，爸爸给我吃了一些稀饭，没有吐，结果上午10点再喝水时，又吐了，把早饭也吐了出来。爸爸带我去看医生，化验说有炎症。医生建议挂水，后来改为吃消炎药，不过我闻着药的味道不好，不肯吃。中午去妈妈单位吃饭，我吃了一些牛排，没有事，下午又去武术训练，一直没有吐，好不容易扛过来了。

说实话，我们根本没有想到，食物混吃竟然会出现如此严重的后果。后来上网查资料，螃蟹内含五价砷的化合物，本来对人体无害，但是和富有维生素 C 的猕猴桃一起食用，则五价砷会转化为三价砷，即是含剧毒的砒霜（当然数量极其有限）。若长期一起食用，随着毒素的积累，可致痉挛、反胃等中毒症状。

猕猴桃除了不能和螃蟹混吃之外，也不能和其他多种食物混吃。例如，猕猴桃与黄瓜相克，黄瓜中含有维生素 C 分解酶，会破坏猕猴桃中的维生素 C；猕猴桃与胡萝卜相克，胡萝卜含有破坏维生素 C 的酵酶物质，若二者同时食用，会降低各自原有的营养价值；猕猴桃不能和白萝卜一起吃，一起食用可引发甲状腺肿大；猕猴桃不能和牛奶一起吃，因为维生素 C 易与奶制品中的蛋白质凝结成块，不但影响消化吸收，还会使人出现腹胀、腹痛、腹泻，所以食用猕猴桃后，不能马上喝牛奶或吃其他乳制品。

这次事件提醒我们，应当关注孩子平时的饮食习惯和营养搭配，特别是在长身体的低幼阶段。在吃东西的时候多长个心眼，不能乱吃。好在现在网络发达，如果有拿不准的情况，可以随时上网查看以便参考，也可以在手头常备一两本这方面的书籍。

第二根桩

品行

关于品行的重要性和身体一样，也是不言而喻的。

钱理群先生在北大授课，有一次看到一个学生坐在第一排，讲课中不断点头微笑，很有礼貌，下课后迫不及待跑到他面前，说课上得真好，并把好在哪里说得头头是道，于是钱先生对这个学生有了好感。如此一次、两次、三次，好感与日俱增。到第四次，那个学生跑过来说要到美国留学，请钱老师写推荐书，钱先生欣然同意。可是写完之后，这个学生再也不出现了。于是钱先生知道他遇到了一个"绝对的、精致的利己主义者"。

梁漱溟先生曾写诗评论一位现代名人："淡抹浓妆务入时，两朝恩遇鬓垂丝。曾经招对趋前席，又见讴歌和口词。好古既能剽甲骨，厚今何苦注毛诗。民间疾苦分明在，辜负先生笔一枝。"此名人的际遇至今令人唏嘘。我们经常在家里讨论说，如果我们的孩子有点天赋，希望他不辜负上苍的赐予，能够不仅为自己，也为社会带来幸福，如果他天资一般，则应当立德立品，首先立足做个普通的好人。

真正的社会精英应当有"自由之思想，独立之精神"，有自我的担当和对国家、民族、社会、人类的承担。人若无品，其行不远，即便得到也会失去。我们需要始终警惕各类实用主义、利己主义、拜金主义的侵蚀，帮助孩子同时也让自己保有做人最朴素的东西：真、善、美。

自理

1845年3月底，我借了一把斧子，去到了瓦尔登湖畔的树林中离我打算盖的屋子最近的地方，开始砍伐一些高大的、像箭一样笔直的、年头不多的五针松做木材。……我把主要的栋木砍削成6英寸见方，多数立柱只砍削两边，椽子和地板只砍削一边，其余的都保留着树皮，它们和锯出的木料一样直，而且结实得多。这时，我还借了其他一些工具，在每一根木料上都仔细挖了榫眼，或在桩上开好榫头。……如果人用自己的双手建造自己的住处，用简朴而正当的手段提供食物养活自己和家人，他们的诗歌才能说不定会得到普遍的发展，就像鸟儿在做这些事的时候普遍都会欢唱一样？但是，唉！我们其实是像牛鹂和杜鹃，在别的鸟搭的巢里下蛋，它们唧唧喳喳的刺耳噪音也不给旅人以快乐。我们应该永远把建筑的愉快拱手让给木匠吗？在大部分人的经历之中，建筑有多大的意义呢？在我所有散步的过程中，还从来没有遇到过一个人在做给自己盖房子这样简单而自然的工作。我们是属于社会的。不光裁缝被贬为第九位的人，牧师、商人和农人也一样。这种劳动的分工到什么地步才算完？最终达到什么目的？无疑，别人也能够代替我思考；但是如果他替我思考到了排除我自己思考的程度，那就不可取了。

《瓦尔登湖》，[美]梭罗著，王家湘译

北京十月文艺出版社2009年版

🕐 2013.09.29

😊 3岁6月

　　前天下午开家长会，妈妈去参加，老师讲了班级小朋友的表现，有13个小朋友不会自己吃饭，有10个小朋友不会自己穿衣，有多数小朋友经不起批评，其中男孩比女孩更明显。老师要求家长多陪伴孩子，多亲子阅读，多培养孩子自理能力。不过我在班上表现还好，能自己穿衣吃饭，有时吃得还很快。平时不哭不闹，天天笑呵呵的。每天凡是笑的小朋友名字都写在一张纸上表扬，纸挂在绳子上，每天都有我。

联合国教科文组织报告《教育——财富蕴藏其中》提出21世纪教育的"四个支柱",其中之一是学会生存（learning to be）。报告说,"发展的目的在于使人日臻完善,使他的人格丰富多彩,表达方式复杂多样,使他作为一个人,作为一个家庭和社会的成员,作为一个公民和生产者、技术发明者和有创造性的理想家,来承担各种不同的责任"。一个孩子要能学会生存,在未来承担各种责任,前提是从小自理自强。我们的孩子并不比其他同龄孩子强,穿衣、吃饭也都经历一个过程。一开始孩子有依赖性,希望爸爸妈妈能多代劳,孩子姥姥也情不自禁地想帮忙,但我们坚持让孩子自己多动手。而且不仅自己的事情自己做,也要求他在力所能及的范围内为爸爸妈妈和姥姥做事,如剥葡萄、削苹果、拿衣服等。我们的理由：孩子是家庭的一员,爸爸妈妈为了孩子的成长,每天辛勤工作,付出很多,孩子也有义务为爸爸妈妈付出,为这个家庭负责,"天上不会掉馅饼",享有和付出是对等的。

每次在幼儿园门口,都能看到爸爸妈妈、爷爷奶奶、外公外婆帮孩子提这个、拿那个,每次孩子们放学出来,也经常能看到大人会一把"抢过"孩子的背包,"连忙"背在自己的身上。其实,幼儿园孩子的背包并不太重（中小学另当别论）,孩子自己完全能背,在大人这些不自觉的动作之中,已经潜藏了错误教育的因子。生活上我们帮孩子做了他自己能够做、也应该做的事情,却又在学习上一厢情愿地希望孩子独立自主,刻苦努力,如果做得不好则会狠狠地批评他们,这样人为地割裂了学习和生活的联系,会让孩子内心产生逻辑混乱,无所适从。

我们的孩子不完美、不突出,不过,凡是接触过他的大人,都觉得他特别阳光,非常纯真,爱和大人聊天,有次在高铁上甚至和陌生人聊了个把小时。平时整天乐呵呵的,遇到什么烦恼的事情,自我调节的能力比较强,调节的速度也比较快,我们觉得和他日常中自己的事情自己做有很大关系。

🕐 **2014.04.09**

😊 **4岁**

　　我从幼儿园回来，兴奋地告诉爸爸，我会做洋花萝卜了，不要烧煮，只要切片，加上一些糖和盐，拌一拌就行了。后来姥姥专门买了一些萝卜回来，我做了一小碗洋花萝卜，爸爸吃了说很好。

🕐 **2014.06.24**

😊 **4岁3月**

　　在阳台上玩时，我会对妈妈说：妈妈，我来给你找个地方，你坐一坐、歇一歇。去新城广场，我会自己玩，让妈妈去书店看书。爸妈送我到幼儿园，我会自己背着包进教室，不要爸妈送我。我还会说：爸爸妈妈，你们走吧，路上要小心！姥姥让我吃香蕉，我会说：姥姥，你吃吧，这是我省给你吃的！我还能自己整理玩具，每次玩好陀螺，我会自己收拾好放在床底下，下次再拿出来玩。我还能一进门就主动换鞋、洗手。

培养孩子的自理能力不难，关键在于让孩子建立"自己的事情自己做"的理念并身体力行。每个孩子都是喜欢做事的，且喜欢被他人肯定其有做事的能力。大人需做的是不要轻易剥夺他们做事的权利和机会，不能为了避免麻烦、节省时间、维护秩序而不让孩子动手，更不能因为孩子做得不够完美而打击孩子的积极性。

　　至今还记得孩子从幼儿园回来时兴奋的表情。孩子因为自理自强而获得的愉悦，父母应当充分肯定，并真诚地和他分享这种快乐。每当我们孩子从学校回来，声称又学会一项本领，如叠被子、扣纽扣、系鞋带时，我们都尽可能让他再演示一二，有时候喊来姥姥一起欣赏。在此过程中，孩子自理的热情和自信不知不觉被激发和强化，继续保持的劲头会更足，即使遇到困难，也愿意积极去克服。

　　现在自媒体非常发达，微信圈、QQ 群和各类视频、音频软件，都可以用来记录孩子的成长。父母也需要加强学习，跟上时代的步伐，熟练掌握这些新媒体的运用方法。对孩子取得的每一点进步，要不怕麻烦，及时给予多种形式的鼓励，特别是在孩子"兴头"上最有效，哪怕为此"牺牲"一点自己刷屏、追剧的时间。当然，鼓励也要有度，不能夸大其词。

　　实际生活中，有些父母在肯定别的孩子优点时，总是不吝言辞，而提到自己孩子时，却非常"苛刻"，甚至批评孩子"臭美"；也有的父母担心表扬多了，孩子会"翘尾巴"，或者过早产生虚荣心。其实，我们每个大人都有获得他人尊重和肯定的需要，何况孩子？！鼓励孩子和虚荣自傲在逻辑上没有必然的关联，如果孩子虚荣自傲、"翘尾巴"，一定是鼓励的时机、方法出了问题，不能因此否定鼓励本身。

🕐 2015.01.27

😊 4岁10月

周日妈妈让我吃好饭收拾碗筷，我抱了好多碗在手上，送到水池里。我对姥姥说：姥姥，我一只碗也没有打坏。因为姥姥总是说妈妈小时候有一次抱着一堆碗到水池，结果摔坏了不少，所以姥姥后来一直不让妈妈做事。

🕐 2015.03.10

😊 5岁

早晨爸爸带我去练武术，我喝水时发现很烫，就责怪帮我灌水的爸爸。妈妈说爸爸包办太多，吃力不讨好。爸爸说喝水是我自己的事情，以后让我自己处理。

🕐 2016.06.29

😊 6岁3月

妈妈买回来6个收纳箱，我们一起整理玩具，扔掉不少我不想要的，然后把陀螺、汽车、变形金刚、乐高等分门别类，放在各自箱子里。我说现在清爽多了，不然乱七八糟。

20世纪以前，在部分农村偏远地区，碗的价值不容忽视，鲁迅《风波》中就专门写过四十八文钱"补碗"的细节。不过，时代不同了，如今而言，相比不会做事的结果，摔坏几个碗的代价几乎不值一提。特别是作为小男孩，天性好动，喜欢调皮，做事不完美，出点差错在所难免。我们常和孩子说，只要他愿意主动做事，哪怕摔坏10只碗，爸妈也不会责怪他。同时，更重要的是，父母要善于教孩子怎样做事，和出事以后怎么补救。

　　孩子有一次想把一碗汤拿到自己面前，结果不小心把碗碰翻了，汤也全泼了出来，我们没有给他"脸色"，而是趁机教给他"三指捏碗法"。一边说，一边带着他练习了几遍，确证他掌握了要领才作罢。还有一次，中午我们在房间休息，听到卫生间传来"窸窸窣窣"的声音。起来一看，孩子拿着拖把使劲在桶里绞水，绞干以后又到书房拖地。原来他拿一个底下漏水的塑料桶玩，水漏到了地板上，他正在独自解决问题呢。我们问他要不要帮忙，他说不用，一个人就行了。

　　上面"喝水事件"以后，孩子整理书包，出门远足带食品，平时洗脸刷牙，也都积极主动多了。有时候还说，爸爸妈妈，你们不要进来，我自己可以把事情做好。有一次外出，我们行李箱拉杆坏了，他主动推着箱子在地上滑行，而不是依赖我们解决。我们感觉，父母为孩子做得越多，孩子就越难以独立成长，相反还会责怪父母不够周到，只有教育孩子自己的事情自己负责，他才能有所担当。

《战国策·赵策四》里面有一篇文章《触龙说赵太后》，讲大臣触龙在赵太后盛怒、坚决拒谏的情况下，委婉巧妙指出太后对于幼子的包庇，不是真正的爱，从而改变了赵太后原来的固执态度。触龙关于王孙公子"位尊而无功，奉厚而无劳"，必将导致"近者祸及身，远者及其子孙"的精辟观点，至今仍有鉴戒作用。

"父母之爱子，应为之计深远。"要相信孩子能做事、会做事、愿做事，孩子的自理能力是练习和培养出来的。有时候孩子自己也会提出这方面的要求，父母正好可以把握宝贵的契机，如果孩子能够自理时，尽量不要帮忙。

另外，带领孩子整理玩具是强化孩子自理意识、提高自理能力的有效手段，应当阶段性反复进行。不要怕孩子把家里搞得乱糟糟的，只要搞乱后让孩子自己及时整理就行。作为父母需要时常审视自己的教育观念，正视自己的教育行为。

自立

　　我满十岁时，一切生计全断。……我兄弟俩至黄昏才回家，还没有讨到两升米，我已饿昏了，进门就倒在地下。我二弟说，哥哥今天一点东西都没有吃，祖母煮了一点青菜汤给我喝了。正月初一日算过去了，初二日又怎么办呢！祖母说，"我们四个人都出去讨米。"我立在门限上，我不愿去，讨米受人欺侮。祖母说，不去怎么办！昨天我要去，你又不同意，今天你又不去，一家人就活活饿死吗！？寒风凛凛，雪花横飘，她，年过七十的老太婆，白发苍苍，一双小脚，带着两个孙孙（我三弟还不到四岁），拄着棒子，一步一扭的走出去。我看了，真如利刀刺心那样难过。

　　他们走远了，我拿着柴刀上山去砍柴，卖了十文钱，兑了一小包盐。砍柴时发现枯树兜上一大堆寒菌，捡回来煮了一锅，我和父亲、伯祖父先吃了一些。祖母他们黄昏才回来，讨了一袋饭，还有三升米。祖母把饭倒在菌汤内，叫伯祖、父亲和我吃。我不肯吃，祖母哭了，说"讨回来的饭，你又不吃，有吃大家活，没有吃的就死在一起吧！"……在我的生活中，这样的伤心遭遇，何止几百次！

　　以后，我就砍柴，捉鱼，挑煤卖，不再讨米了。严冬寒风刺骨，无衣着和鞋袜，脚穿草鞋，身着破旧和蓑衣，日难半饱，饥寒交迫，就是当时生活的写真。

《彭德怀自述》，彭德怀著

人民出版社1981年版

🕐 **2013.01.23**
😊 **2岁10月**

　　晚上出去玩，我说要带上枪，出去打敌人，爸爸说不行，如果他既要拿枪，又要抱我，不好办。我说我自己走，不要抱，爸爸又说枪太大，袋子放不下，我说我把袋子撑大一些，就可以放下。后来我自己拿着枪出去，走了一会儿，我说我有点累，不过没有关系，我能坚持。

🕐 **2013.03.31**
😊 **3岁**

　　上周我生病，周四身体刚好，爸爸送我到幼儿园，我抱着要去上班的爸爸大腿，不停地说：我要爸爸，我要爸爸！毛毛来拉我走，我不肯，都都来拉我，我也不肯。最后老师来拉我，爸爸趁机上班去了，这是我少有的一次黏着爸爸不放。

🕐 **2014.05.31**
😊 **4岁2月**

　　上周六，我和妈妈一起去新城广场，我想到游乐场玩，妈妈想到书店看书。我说妈妈你去书店看书吧，我一个人去玩。后来妈妈不放心，跑过来看我，我还问，妈妈，你怎么不在书店看书呀？

自理侧重生活事务的处理，自立侧重意识、精神、人格、经济上的独立自主。有人评论，中国当代社会有很多"巨婴"，他们也许自理，但不自立，于此可见两者的区别。我们希望孩子自理，更自立。虽然孩子幼小时谈不上经济独立，需要父母物质的帮助，但是，即便孩子再幼小，也应当精神自主、人格独立、自强不息，而且父母要尊重孩子精神自立的需求，重视独立人格的塑造。

　　我们的孩子还是比较独立的，很少"纠缠"我们。尤其是上幼儿园，从来没有哭过一次，总是乐呵呵地来来去去。这也许和他从小被阿姨带大有关。在孩子最初的2年中，我们家先后换过8个阿姨，时间长的有一年多，短的不到两周。他不断见到陌生面孔，而且所提要求，阿姨不像父母那样有所回应，也就没有依赖性。相比阿姨带他闲逛，幼儿园更有趣，因为有很多同龄孩子做伴，所以幼儿园更成为"天堂"。当然，偶尔一两次，不希望爸爸妈妈走也能理解（当天可能还有身体刚恢复的原因），父母既不要认为孩子娇气，故意给孩子脸色，也不要感情一时"融化"，卿卿我我没个完。

　　培养自立需关注细节。例如，大多数家庭出门前，大人背包拎袋早已立在电梯门口时，孩子还在家不紧不慢找玩具，有些玩具明显不适合带出去，可他们非要带不可。有些父母硬拖走孩子，甚至在头上敲几个"毛栗子"，孩子哭哭啼啼，大人心烦意乱，美好的心情往往被破坏殆尽。我们的想法和做法是没有原则性问题，尽量尊重孩子的选择，但是预先申明"自己的决定自己负责"，带出去的玩具自己保管。这样既减少不必要的矛盾和冲突，也有益于孩子的自我管理。

🕐 2015.08.27

😊 5岁5月

　　在乐山大佛的东方佛都景区门口，有一个阿姨在卖眼镜玩具，我很想要。妈妈让我去问问多少钱，我问了回来说20元，妈妈给我10元钱，让我试着去买买看。不一会儿我空手回来了，妈妈让我再努力一次，结果阿姨还是不肯卖给我，说至少要15元。我有些难过，妈妈说不要难过，我们到别处去买，我说别处可能买不到，妈妈说不会的，这个眼镜不是阿姨自己生产的，应该到处有得卖。后来妈妈上网一搜，果然网上就有我想要的眼镜，才2元多。妈妈说回去就给我买，我又高兴起来。妈妈表扬我勇敢，和大人交流不怯场。

🕐 2016.06.29

😊 6岁3月

　　从小我就和爸爸妈妈分床睡，这几天爸爸妈妈说和我分房睡，从周日晚上正式开始。爸爸重新整理了书房的床，围了蚊帐。一开始我说有点害怕，爸爸就在房间陪我，等我睡着才走。第二天晚上我又几次喊爸爸，一喊他就来了。昨天我睡前听了一个恐怖故事，睡觉时我说黑漆漆的好害怕，爸爸来了好几次，给我盖好被子，轻声在我耳边安慰我。我让爸爸房门不要关紧，开道缝，他说好的，后来又在我房间坐了一会儿才走。

大人放手，孩子才能自立。

孩子自立的意识远比大人预想的强。从心理学分析，每个孩子天生都希望自己独立，不喜欢大人参与和干预太多，对同龄人或者大哥哥、大姐姐的能干表现出羡慕与渴望，只不过，有时父母有意或者无意中"剥夺"了他们自立的机会。事实上，很多孩子在大人放手、不在身边时，表现得更加主动、积极、自立，一方面是没有了依赖，另一方面也是孩子有自主的基因，在一定的外部条件下很容易激发出来。

有时候可以把孩子单独放在娱乐场所，一方面有足以吸引注意的项目，孩子可以玩较长时间，另一方面，通常会有服务人员看护，安全有保障，要喝水可以自带水杯，提前和孩子交代好上厕所等注意事项即可。除了封闭的娱乐场所，书店也可以"寄放"孩子，书店的环境不像商场、超市，相对单纯、清静，也有足以吸引孩子关注的绘本，还有同龄小伙伴，一般3岁以上即可进行这方面尝试。

外出让孩子自己"花钱"是培养自立的好机会，一方面可以建立钱的概念，另一方面锻炼和陌生人的交往。同时，"花钱"和"赚钱"相辅相成，"花钱"也是生活的一种能力。无论是出于什么考虑，不让孩子学会"花钱"，甚至不让孩子触碰钱，都是极端错误的。和"花钱"相对，孩子再大一些，带着他卖卖报纸、鲜花、小物品，学会"赚钱"，也是非常值得肯定的一件事。说实话，我们这方面尽管意识到了，但是实践还有较大欠缺。

西方国家的孩子普遍很早和大人分房睡觉，这对孩子自立自强很有好处。中国家庭受住房条件限制，也因为观念差异，孩子分房睡觉比较晚。有些家庭不仅谈不上分房，就连分床睡也做不到，往往造成孩子精神和行动上的严重依赖。也许看到这方面商机，每到暑期，不少社会机构会推出"童子军"夏令营，让孩子独自在外生活一周甚至两周（有老师指导、看护和陪伴，但是家长不允许陪同）。我们询问过一些家庭，不少家长"舍不得"，担心这个，牵挂那个，其实很多担心是多余的。

孩子总要长大，不可能永远是孩子，孩子总要自立，不能永远依赖父母。不过，自立有个过程，不是爸爸妈妈说什么，孩子就能立刻按照要求做什么。否则，教育就太简单了，孩子也就不是孩子了，这和孩子是否自立两回事。这方面，父母需要一点耐心和方法。比如，在孩子分房睡之前，带着孩子对房间进行适当布置，营造温馨的氛围（女孩子可能更需要，男孩子不必刻意）。最初可以陪着孩子入睡，但申明只陪几天，如果孩子入睡情况较好，及时给予鼓励。入睡前避免听讲恐怖故事和做过于刺激的游戏等，确保入睡时情绪和缓平静。

当然，在孩子分房睡觉方面，也不必太多禁忌，家里有些动静、声响没有关系，绝不搞特殊化。不能让孩子觉得他睡眠的重要性超过家庭正常生活，以免给孩子今后生活带来障碍（有些孩子从小在绝对安静的环境中成长，结果到大学校园，整夜睡不着）。等孩子再大些，看书做作业，也不必草木皆兵，刻意强调"绝对安静""不受打扰"，让孩子从小学会"心静"，长大将受益无穷。

诚实

农历甲申年三月十六日（公元1944年4月8日），蒋兆和与萧琼在北京饭店举办婚礼。……新家的全部家具是用萧琼开画展所得的钱购置。除了画，兆和只带过来一只皮箱和一个旧的黑色木柜。木柜放在厨房。婚后萧琼才打开那只箱子，她大吃一惊，箱子里是空的，里面只有一叠当票。她拿起当票一看，当的都是衣服，已经是死当了。她想起婚前他们一起去王府井，她想买一双鞋，她最喜欢白颜色的皮鞋。她走到柜台前，兆和拦住她，对她说"不要买了。"她当时挺不高兴，心想：一双鞋还拦着我买。她现在看清了，他彻底的一无所有。

兆和小心翼翼地解释："我应该为你买一切东西，可是我拿不出钱来。"萧琼喜欢兆和的坦白，钱在她的眼里是不重要的，绘画造诣才是最大的财富。

《〈流民图〉的故事》，欣平著
中国文联出版社2004年版

🕐 2014.09.13

😊 4岁5月

　　我告诉妈妈今天在幼儿园多吃了一块糖。妈妈问是怎么回事，我说中午老师发糖，我很快就吃完了，后来老师看见我没有，问我是不是没有拿到糖，我说是的，老师又给了我一块。妈妈听了批评我撒谎，说如果实在想吃，就老老实实和老师报告。

🕐 2015.01.19

😊 4岁10月

　　上周五，我在爸爸耳朵边说："爸爸，我说一件事，你不要怪我。"爸爸说："你说吧，我不怪你。"我说我把刚买的四驱车弄坏了。爸爸不但没有责怪我，还用胶水把它粘好了。

🕐 2016.06.17

😊 6岁3月

　　从仙寓山回来，我告诉姥姥，我腿上有一点青，是在山上玩的时候爸爸推我，把我推倒在地上了。姥姥就责怪爸爸。爸爸很生气地对我说，究竟是怎么回事，你讲清楚，不是你自己在山中缠着追赶爸爸，然后自己摔倒的吗？好几次出了事总是责怪别人，这习惯可不好。

我们之所以希望孩子诚实，并非刻意追求"高尚"的品行，而是觉得，只有诚实，才能让孩子生活得轻松自然，只有诚实，才能让孩子的表达自由舒展，只有诚实，才能让人际交往的成本较低。

孩提时代，儿童往往诚实到稚拙的程度。为了能多吃到糖，会"本能"地选择"说谎"，为了好朋友之间的"义气"，会"本能"地"颠倒是非"，为了获得心仪的礼物，期望着"不劳而获"。其实，这些都是可以理解，也是可以接受的，完全不需要"上纲上线"。为此我们达成共识，每当遇到此类情况，就和孩子分析一两句，告诉他应当"诚实"，本本分分做人，老老实实说出内心真实想法。只要他说的是心里话，爸爸妈妈都不会嘲笑、讽刺、打击、挖苦（有可能会开点玩笑），而且尽量就事论事，不夸大其词。相比微小的"是非""错误"，孩子有话闷在心里不愿说，或者不敢说，是更为严重的问题，一定要设法避免。

家庭相处，我们和孩子之间建立一条原则：任何话都可以和爸爸妈妈讲，爸爸妈妈绝不会不分青红皂白责怪他。要让家庭成为心灵绝对放松的港湾，只要孩子愿意，可以无话不谈，不背任何心理包袱。所有问题，讲出来都不是大问题，不讲出来有可能是大问题。当然，如果孩子实在不愿意讲，也不要勉强，应当通过其他方式去了解、判断事情的性质和严重程度。如果不是什么要紧的事情，就不去管他，让孩子内心有一点私密空间和想法，是十分必要的，不要试图把孩子变成一个玻璃人。

孩子把话讲出来，如果发现确实有问题，或者孩子的应对处理不当，父母应当从孩子的立场出发，站在孩子知心朋友的角度，利用大人的生活经验和社会阅历，帮助孩子分析正误、利弊、优劣，而不是成为事不关己的裁判，更不是摆出一副高高在上的权威架势。如果那样，孩子以后遇到问题，就不愿意和父母交流。他们会想，何必自寻烦恼，主动找一个数落自己的人呢？

是真诚地帮助孩子，还是"捞"到"由头"数落孩子，父母的态度决定了孩子的行为，也直接影响了青春期孩子叛逆的程度。虽然孩子还小，但是，我们想只要坚持和他推心置腹地交流，遇到天大的问题，都不是简单地数落和责备，孩子即便有一天再叛逆，也叛逆不到哪里去。

社会很复杂，处处能看到"老实人吃亏，耍奸者得利"的情况，影响了很多人对诚实的态度。"害人之心不可有"之外，又加了一句"防人之心不可无"，连带着出现"见人说人话，见鬼说鬼话"。我们不否认这些主张的合理性，但是，更不想孩子过早地淹没在世俗恶习之中。而且我们也相信，随着时代的发展，技术的进步，社会诚信体系的完善，诚实的收益会越来越大，其价值和重要性将越来越凸显。"君子坦荡荡，小人长戚戚"（《论语·述而》），"修辞立其诚"（《周易·文言传》），引导孩子诚实善良，怀真诚之心，过自然而然的生活，将有助于他的幸福和长久。

当然，也要预估诚实的代价。有时候做人过于实在，心直口快，可能吃亏，会得罪人，遭遇阻力，乃至被"穿小鞋"。不过我们认为，这和诚实本身无关，只能说需要教孩子"立体式"地看待社会，分析国情，在必要的时候，多长点心眼，学会保护自己，不是一味地傻真、愚善。但是，诚实之本始终不能丢弃。

出了事情首先责怪别人，不要说孩子会如此，大人也难以避免。身边经常能够看到一些人，总是拿着放大镜、显微镜看别人，却看不到自身的不足。这样的人，既难以和别人合作共事，自己也难以有所提升。长期如此，气象和格局必然不大，所以从小要注意引导孩子避免如此。

不仅要教育孩子"自己的事情自己忙"，而且要教育孩子"自己的责任自己扛"。遇到问题首先反省自己的过失，反思自身的不足。如果更进一步，有一点主动揽过的精神更好，也就是做人要能吃亏。郑板桥说"吃亏是福"，虽然不能片面化、绝对化地去理解，因为，该争取的权利应当争取，该维护的利益需要维护。但是，很多时候，不涉及原则问题，且彼此的过失并非泾渭分明的话，那么，一点不能吃亏的人，往往是很不讨喜的人。他的斤斤计较，会让他失去更多。相反，能主动吃亏，更能获得意外回报。

礼貌

据说，清华国学院主任吴宓带着校长曹云祥亲自写的聘书去王国维家中敦请。在登门之前，吴对王的生活、思想、习性专门做了调查研究，做足了准备功夫。进入王国维家中，面见王国维后，吴宓先行跪地，对王行三叩首大礼，然后才起身落座，慢慢提及聘请之事。王国维见吴宓礼数如此周到，深受感动，当场答应到清华任教之事。……

蒋天枢到广州看望老师陈寅恪时，每天与老师晤谈。有一天，蒋天枢去，陈夫人唐篔不在家，陈寅恪忘记让坐，蒋天枢一直站在一旁说话，不敢坐，而陈寅恪目盲，竟不知。于是当时也已年逾花甲的蒋天枢几个钟头一直站着听老师讲话，始终没有坐下。

《细说民国大文人——那些国学大师们》，民国文林编著
现代出版社2010年版

🕐 2015.11.11

😊 5岁7月

　　这几天天气冷多了。前天上学爸爸让我坐在助力车后面，我抱着爸爸的身子，手插在他袋子里，下车后我说，谢谢爸爸为我挡风。

🕐 2015.11.24

😊 5岁8月

　　我对妈妈说，你切的芒果，最大一块给姥姥吃，因为她年纪最大。

孩子爸爸常常怀念童年时的一个细节：

有一天晚上，我从寄宿学校回到农村老家，家里有两碗鱼，妈妈挑选一碗给我吃，因为另一碗必须留着招待客人。当天停电，在昏暗的煤油灯下，妈妈看不太清，选了半天，终于选定一碗"大"一点的鱼。可是第二天早上，她又比较了一下，发现似乎选错了，那碗留下的鱼更大一些，但我马上要出发了，而且一去至少两周，妈妈为此懊恼不已。

中国家长，常常把最好吃的给孩子吃，最好玩的让孩子玩，做法固然可以理解，但是不能因此让孩子觉得这些理所应当。大人也有"最"的需求，也有享受的权利，而且，由于孩子未来的时间更长，机会更多，"最"更应当优先给大人（老人）才对。我们常常在孩子提要求的时候，"不经意"地把这个道理说给孩子听。可喜的是，孩子明白且听了进去，所以才有上面的日记摘录。

敬老和爱幼是对等的，两者同样重要。父母爱孩子，也要强调孩子爱父母，不仅要记在心里，也要落实在行动上。父母不仅要帮孩子树立这样的观念，也要"坦然"接受孩子的爱。不能怀有相反的想法：只要孩子出人头地，父母再苦再累也没有关系。怎么没有关系？父母是孩子的镜子，孩子是父母的影子，没有良好品行作为底色，"孩子"这幅画即便一时绚烂无比，也终将会失去魅力。

🕐 2013.04.27

😊 3岁1月

昨天晚上，我一吃好饭就想离开，妈妈对我说，要打个招呼再走，我就说：爸爸，妈妈，姥姥，我吃好了，你们慢慢吃！

🕐 2015.05.17

😊 5岁2月

每次练功结束，我都要走到吴教练跟前，深鞠一躬，然后双手抱拳，说声再见。

爸爸在外出差，我和他打电话，说了几句话之后，我说我好了，你再和妈妈说说话吧。有时妈妈不说话，我就说我挂电话了。

中国号称"礼仪之邦","礼"在古代处于非常重要的地位。《论语》说"非礼勿视，非礼勿听，非礼勿言，非礼勿动"，古代"礼法"不仅多而且繁琐，一旦违反了，后果有时非常严重。这是因为古代社会的维系、国家的统治、上下尊卑的区分，都依靠"礼"来规范和约束。大而言之，关乎国家命运，小而言之，关乎家庭和睦。"礼"之根本是尊重，尊重与对方的年龄、长相、才华以及做人好坏、秉性如何、是否知己无关，仅仅是社会起码的规范。

《世说新语·德行》36则，谢安和夫人就家庭教育进行交流。谢安夫人责怪谢安疏于教育孩子，谢安反对说，我不是没有教，我是以自己言行随时随地在教他们。《世说新语·假谲》14则记载："谢遏年少时，好着紫罗香囊，垂覆手。太傅患之，而不欲伤其意。乃谲与赌，得即烧之。"可见，谢安纠正侄儿谢玄的纨绔习气用心良苦。我们的师范老师王亦群先生，"泰州学派"王艮的嫡系传人，解放前毕业于无锡国专，每次回复书信，写到我们的姓名或者"你"的时候，前面都要空一格，以示尊重，写到自己的名字，或者"我"字时，都要有意降低半格，以示谦卑。后来，不经意发现，老先生给其他学生回信，都是如此，令我们至今感动和难忘。

孩子的可塑性很强，培养孩子的礼貌，特别需要父母的言传身教，而且要善于从生活的细节出发。例如，打电话。我们有一些朋友，性子比较急的居多，每次电话，话还没有说完，电话就挂断了。有时不得不重新回拨过去，再补说几句。这方面另外一位朋友做得非常好，每次通电话最后，都会说一句"我先挂了"，然后停留几秒钟，听一听对方是否还有话要说。

现代社会失去了古"礼"的土壤，想要恢复和保持已很困难，有时还被年轻人视作"迂腐"，以至于公众场合大声喧哗、风景区乱涂乱画、乱扔垃圾、排队加塞等问题，在中国人身上不时出现。我们以为具体做法可以推敲，而最基本的"礼"之精神，应当弘扬和传承。另外，改变社会不良风气固然很难，但是，总可以不让社会不良风气轻易改变自我。教育孩子讲礼貌，不妨从向老师鞠躬、说声再见，下餐桌时打声招呼开始。

周到

我虽然在胡寓（胡适）原则上做客六天，可是天天忙于访问史语所和台大等处的旧师友，结识新学人……这六天胡先生更是天天忙于会客，他和我反而很少长谈机会。但有三点，我永不能忘。（1）我在港澳每天海鲜小吃大宴，在胡寓第一晚即泻肚。由于胡先生习惯于夜静写作，听见我夜间的动静，第二天早晨亲到厨房嘱咐他最依赖的徽州厨子为我准备些面条等素净软食，不可多用青菜，因腹泻者不易消化大量的植物纤维。从这小事即可反映出他老人家待人的极度细心。……（3）某日上午9时左右，我刚要进城，厨子向胡先生递上一张名片。胡先生相当生气地流露出对此人品格及动机的不满，但想了一想，还是决定接见。当我走出门时正听见胡先生大声地招呼他："这好几个月都没听到你的动静，你是不是又在搞什么新把戏？"紧随着就是双方带说带笑的声音。可以想见，这才是胡先生不可及之处之一：对人怀疑要留余步；尽量不给人看一张生气的脸。

《读史阅世六十年》，何炳棣著

广西师范大学出版社2005年版

🕐 2012.12.08

😊 2岁8月

　　早晨妈妈喊我拿袜子给她，我拿了一双灰色的，一双黑色的，然后跑过去问妈妈，你要哪一双呀？

🕐 2015.02.10

😊 4岁10月

　　昨天我去绿博园的沙滩玩，那里可以玩很长时间，不收费。我把鞋子、袜子都脱了，光着脚丫，踩在沙子上。虽然是冬天，但沙子上并不冷，太阳一直照耀着，还有些温暖。

　　后来我喊爸爸一起玩滑滑梯，爸爸说危险，我说不要怕，我在下面帮你。爸爸滑下来，我用双手顶住爸爸，我还说，幸亏我力气大，把你顶住了。

🕐 2015.02.14

😊 4岁11月

　　前天我和秀秀一起去鬼脸城玩。在一块石头上，秀秀要下来，我建议她跳下来，不要滑下来，不然裤子会刮破的。后来秀秀从石头上蹭了下来，我连忙跑过去帮她拍裤子上的灰，拍了左边再拍右边。

周到，指各方面都兼顾到。不过，我们期望孩子的周到有两方面注意点。第一，孩子考虑问题的角度和方面有限，不能期求达到非常圆融、恰当的程度，需要适当降低要求。第二，大人的周到有时是一种世故，甚至伪饰，孩子的周到往往来自本性，应当鼓励其保持这种本性。

回想起来，孩子给妈妈拿袜子时的周到，对爸爸的关心，照顾同伴时的细腻，似乎不是我们刻意教他的，之所以能够如此"暖心"，可能一方面来自我们的示范（如爸爸妈妈互相拿衣袜，分担家务），另一方面来自他的交往。

孩子平常经常外出，和同伴一起玩耍。每次玩耍时我们都有意回避，不过度介入，让他们"自己玩"，事后对有关做法进行总结、反思。现在看来，只有"自己玩"才能玩出相处的原则和体贴入微的习惯。

🕐 2015.02.27

😊 4岁11月

　　爸爸坐在沙发上休息，我连忙趴地上从沙发底下掏出几节甘蔗，又拿来垃圾桶摆放好，然后对爸爸说，你吃甘蔗吧，甘蔗渣可以吐在垃圾桶里。我还给爸爸捶背，爸爸表扬我真懂事。

🕐 2015.10.09

😊 5岁6月

　　在南浔游玩，一个卖糕的给我三块糕，我给了爷爷、姥姥和妈妈每人一块。我向爸爸解释，因为只有三块，不够分，所以就没有给你。后来又有新的好吃的东西，我补给爸爸一份。

🕐 2016.09.02

😊 6岁5月

　　中午我家来了一位北京的陈阿姨，带着一个小妹妹。我和小妹妹玩，一进门我就帮她脱鞋子，带她玩积木，我还弹钢琴给她听。最后要走时，我说等一等，我来榨点西瓜汁给你喝了再走。我连忙独自一人切西瓜，削片，放入榨汁杯，赶紧右旋左旋，很快榨好了一些西瓜汁，给小妹妹喝了。

我们理解的周到，是指能够考虑别人的感受，并选择相应的行动。想到姥姥可能叉衣服找不到叉子会着急，想到妈妈可能没有带钥匙进不了门会着急，都是孩子周到的前提。平常时候，父母应当有意识告诉孩子，别人着急时会多么难过，我们每个人都不要因为自己的缘故而给别人带来麻烦。

周到也有策略。选择其他好吃的东西作为对爸爸的补偿，是因为当时分配不过来，提前打个招呼，随后想办法补救，这是周到的较高层面，也意味着孩子对周到的理解进入新的阶段。

希望孩子周到，不是要他们做"人精"，见人说人话，见鬼说鬼话，也不是要让他们少年早成，老于世故，更不是要他们精于算计，别有用心，而是希望他们做事情不要冒冒失失，马马虎虎，考虑的方面能更多一些，角度更广一些，过失的弥补更及时一些，方式更巧妙一些。

周到与其他品行休戚相关，应当一同关注和培养。例如，做事要有积极主动精神，不主动，很难周到。又如，要有广博的爱心，有爱才会有行动，才愿意从对方角度多思考问题。

德胜（苏州）洋楼有限公司总监聂圣哲，创建著名的德胜管理体系，以德胜管理规则为蓝本的《德胜员工手册》以及管理实践，在中国管理界颇有盛名。我们有一次听聂圣哲先生介绍其企业文化，后来又认真阅读了《德胜员工守则》《德胜世界》，颇受启发。

那次参观德胜苏州洋楼总部，一行人观摩样板房的阁楼，下来之后发现我们脱在门口的鞋子都被调换了方向，可以直接穿了就走。聂圣哲先生专门介绍，他们企业的所有员工，不分"尊卑"，凡是见到客人脱在门口的鞋子，都有"义务"重新摆放以方便客人。这样一个细节虽然很微小，却决定了企业的高度。

有一次孩子爸爸送孩子去幼儿园，上楼帮孩子铺被子。下楼梯时孩子走在前面，主动把爸爸鞋头顺着方向摆放好，让爸爸下来可以直接穿了就走。孩子"自发"的行动说明，让他们学会周到，说难很难，说简单也简单，关键在于引导孩子多体会他人的感受。另外我们平常记录的很多细节，也都说明孩子是能够周到的，父母需要及时肯定他们的表现，以便做得更好。

主动

当美国的国歌在运动场上响起，当星条旗冉冉升起，当全美国全世界都注视着这里的时候，汤米·史密斯缓缓地、坚定地举起了他戴着黑色皮手套、紧握拳头的右臂！他把黑色的拳头举得高高，直指云霄，却把头深深地低下，目光低垂，俯视着脚下的土地。约翰·卡罗斯看着汤米，毫不迟疑地举起了他戴着黑手套的左拳……

再一次仔细辨析这张照片，我们可以清楚地看到，汤米·史密斯和约翰·卡罗斯表达的力度和深度是有所不同的。汤米·史密斯和约翰·卡罗斯亲如手足。当汤米在上领奖台之前匆匆把手套递给约翰，让他行动起来的时候，他毫不犹豫地做了。他行为的依据，除了作为黑人运动员表达信念的愿望，还有他对汤米的一贯信任。从照片上可以看得出来，他并不是不可抑制地一定要以这样唯一的方式表达自己。而照片上的汤米却不同，他是在燃烧自己，照片上的他就是一把火炬。任何看到这张照片的人，都可以强烈地感受到，这是一道生命的闪光在划破一个历史的瞬间。对于汤米来说，这就是生命的意义。为了一个理念的瞬间表达，他愿意点亮和焚毁自己。

《一路走来一路读》（增补本），林达著
生活·读书·新知三联书店2011年版

🕐 2012.12.05

😊 2岁8月

　　前天爸爸送我到幼儿园班级之前，把他的大包让我拎。虽然包有些重，但我还是坚持拎到门口，我对老师说，我能帮爸爸做事了。拎的时候我还说，累死我了。

🕐 2013.11.10

😊 3岁7月

　　前天妈妈买了两袋水果，拎到小区门口，还有我的头盔寄放在传达室需要拿。她不好拿，我说我去，我很高兴地直奔传达室。不一会儿，我一只手拿着头盔，另一只手拿着我的书包，和妈妈一起回家去，妈妈夸我能主动做事了。

主动和周到同中有异，周到反映能力水平，主动体现精神状态。在大人看来，中国孩子经常出现一个"问题"：学习主动性不够。很多老师跟家长讲，孩子有能力学好，就是不主动学。不仅学习缺乏主动性，有些孩子生活也"缺乏"主动性，吃饭无食欲，交往无动力，除了打游戏，做什么都没劲。据有关调查，抑郁逐渐年轻化，不少孩子小小年纪，就感觉生活没有意义和目标。

其实，儿童天性主动，会爬以后不愿躺，会走以后不愿抱，时时处处，孩子的生命力都在向外扩张，为什么变得不主动了呢？我们以为，原因之一是大人给孩子设置了太多的禁区，这个不可以，那个不能够，久而久之，只剩下学习一件事，不仅可以做、应当做，而且必须无条件做好，把学习和生活人为割裂开来。这种一厢情愿没有效果，因为本质上违背了科学，违背了规律，违背了人性。

其实，多数孩子从小具有积极主动精神，他们很愿意参与家庭生活，帮助父母做一些力所能及的事情，而且引以为豪。但是如果在早期他们有热情、有劲头的时候，忽视这种诉求，抱着"孩子还小，不要累坏了"或者"孩子太小，不要把事情搞砸了"的错误想法，"剥夺"他们的知情权、体验权、参与权，久而久之，随着课业负担的加重，孩子有可能磨灭劳动的乐趣，丧失生活的热情。而大人如果不能正视自身的过失，还会抱怨"现在的孩子怎么越来越懒"。

童年时代，正是劳动的年龄，让他们帮大人拎拎包，扶扶车，拿拿行李，按按电梯，都是很好的锻炼机会。具体操作中，要善于教孩子做事的方法，比如识别电梯开关符号、如何保持车辆平衡，同时要多鼓励，特别是有意当着其他大人和小孩的面，不吝啬夸赞自己的孩子，让他们感觉到自尊和自豪。主动积极与其说是培养出来的，不如说是释放出来的。大人要做的是不压抑孩子的这种正当需求。

🕐 2014.06.09

😊 4岁2月

过道的灯坏了，我跑到门口告诉门卫：保安爷爷，我们过道的灯坏了，请来修一修，后来灯果然修好了。

🕐 2015.01.05

😊 4岁9月

昨天和小姐姐一起吃饭，小姐姐不习惯刀叉，我连忙去向阿姨要来两双筷子。我们点的披萨好半天没有来，我又跑去对阿姨讲，请快点送过来。最后吃完了要打包，我又去问阿姨要来两个塑料袋。

🕐 2015.05.17

😊 5岁2月

今天晚上经过水饺店，我对妈妈说，我们去吃水饺吧，好久没有吃水饺了。后来我们进店，我让妈妈坐着，自己去点菜。我说我们每人吃一个肉夹馍，再吃一些水饺。妈妈说不能吃肉馅水饺，吃了可能要拉肚子，我说好的，我们点菜馅的吧，后来我们就吃肉夹馍和菜饺。我拿来两只碟子，倒上醋，又拿来两双筷子，以及餐巾纸。我还给妈妈碟子里加了点辣油。

过道的灯坏了不止一次，也许我们自己找物业的经历给孩子留下了深刻的印象，遇到类似问题，他学会了"依葫芦画瓢"。这也启发我们，人生没有白费，也不重来，走的每一步都算数，每件事都要认真对待。从主动寻求帮助，解决生活中的小事出发，慢慢地孩子就学会了如何与人相处，如何判断社会的分工，区分彼此的权利和义务。

另外，我们经常带孩子出去吃饭，尤其是有其同龄人的时候。吃饭本身不是目的，目的是增进孩子与同伴的交往，以及适应社会的管理与服务。每次在饭店，我们都让孩子参与挑选座位、点餐催餐、剩餐打包、寻求帮助，以及寻找卫生间等，这些都是生活能力的一部分，是在家里用餐不能替代的。如果让孩子坐在那里不动，只等着吃自己喜欢吃的，那就"浪费"了绝好的机会。

5岁的男孩，已经像个小男子汉了，让妈妈坐着，忙上忙下，跑前跑后，心里乐滋滋的，觉得自己很"有用"，因为能够为他人提供服务。应当承认，这也是生养孩子的意义之一。中国有句古话"养儿防老"，生育既是自然需求，也是经济行为，更是理性投资，不应当否定这种投资的正当性。

可是，现在很多人"羞于"这样的提法，很多父母甘愿做牛做马，只强调无偿付出，不求任何回报。可是，权利和义务是对等的，付出为什么不追求回报呢？付出应当有所回报。孩子只有爱父母，爱亲人，长大才能爱他人，爱祖国。

所以，每次出去吃饭，我们都交代孩子一些"服务"任务。例如，看看菜有没有上齐，要不要添饭，哪个叔叔伯伯需要倒酒，等等。从吃饭延伸开来，像网络取票等很多事情，都可以让孩子出面去解决，并且让他感觉到，这些就是他的分内之事，和他自己穿衣、吃饭一样，不应当让别人代替。

要让孩子主动学习，首先要鼓励他们主动生活，领略生活的乐趣，也承担生活赋予的义务。"生活之树常青"，学习的目的也是为了更好地生活。孩子在生活中可以做得不够细致、周到，但一定要激发他们拓展生命空间的热情，保护他们面对生活的勇气。

益善

  "文革"开始后，丰子恺被列为上海市十大重点批斗对象，他的护生画当然也被列为"反动书刊"。可执着的丰子恺并没有忘记尚未完成的护生画第六集，无论处境多么险恶，他也要使护生画功德圆满。……

  护生画第六集于一九七三年完成后，丰子恺自知不久于人世，便托朱幼兰保管。一九七五年九月十五日，丰子恺与世长辞，终于未能见到六集护生画出齐。"文革"结束后，广洽法师于一九七八年秋再度赴沪。他十分关心第六集的情况。当他从朱幼兰那里了解到实情后，内心十分感动。……于是他此次离开上海时，即将原稿带走，随后就募款将第一至第六册于一九七九年十月同时由香港时代图书有限公司出版，护生画于此功德圆满。……

  四十六年来，丰子恺始终遵循着这一原则，在不同的历史时期里，任凭阴晴风雨，坚持不懈，最终实现了他"世寿所许，定当遵嘱"的诺言。

《护生画集》，丰子恺绘画，弘一法师等书写

海天出版社1993年版

🕐 2014.04.09

😊 4岁

　　前几天是我4周岁生日，爸爸妈妈和姥姥带我放生金鱼。上一次我在常州红梅公园钓了5条金鱼，养了一段时间，已经很大了，姥姥建议放生到大江里。晚上我们开车到绿博园，一家人在园子里走一走，一直走到江边。爸爸和我一起，把5条小金鱼放到江心洲里，算是我生日的一项纪念。

🕐 2015.07.24

😊 5岁4月

　　我们晚上去放生一条黑鱼，是阿姨送的鱼，送了三条，爸爸先杀一条吃了，要杀第二条时，我说不要杀，不然剩下一条，就太孤单了。后来那一条死了，只好杀了。最后一条我们晚上去放生，放到江里去了。

人是很奇怪的动物，一方面，我们为了生存，会主动杀生，另一方面，我们又有恻隐之心、放生之举，这是不是一种矛盾？孔子说，君子远离庖厨，是不是一种自欺欺人？孩子没有问过我这方面的问题，但是我在想，如果问到了，我应当怎样回答？

　　很早以前，看过丰子恺的《护生画集》，我非常赞同丰子恺说的一句话，"护生就是护心"。我并非宣扬素食主义、极端环保，而是希望持修行之心，尽可能珍惜生命，爱护大自然的一草一木。人贵为大自然的最高等动物，不是体现在我们的强大能力上面，而是体现在我们的高贵心灵上面。

　　耿传明先生回忆牛津大学访学经历，提到一件事。耿先生当时住在郊外小镇 Maston，到牛津大学有条捷径。可是某天一场大雨把那条捷径的小土路淹没了，为此绕行，要多走一个小时。为什么公园管理方不把小路垫高，以方便行人呢？因为一旦小路垫高，水流隔断，小路另一边的沼泽就会缺水干涸，路边苇草就会枯死，水中小鱼、青蛙就会陷入绝境，河里野鸭子也将失去从容不迫、优哉游哉的生活。人类在世界上应当保持怎样的主体地位，值得好好思考。

🕐 2015.01.05

😊 4岁9月

　　晚上爸爸带我一起去做公益。小区业委会到期，没有人组织换届的事情，爸爸出来自愿做业主代表，后来又做业委会委员。工作需要其他业主配合支持，但是没有基础资料，爸爸就和另一位业主代表负责挨家挨户敲门问基本情况和手机号，我也跟着去了。妈妈同时在另一栋楼做公益。我帮爸爸一边敲门一边喊：请开门！有的门上有门铃，我就帮着按。有些业主通过猫眼儿，看见大人带着小孩，就不害怕了。一位阿姨出来还给我一个苹果。

益善包括公益与慈善。对孩子而言，谈公益和慈善精神，可能为时过早，但是种子需要提前播撒。

益善代表社会责任。"一只蝴蝶在巴西轻拍翅膀，可以导致一个月后德克萨斯州的一场龙卷风。"现代社会人与人高度关联，互相即使素不相识，但是命运联成一体，彼此之间互有义务。带孩子做一点公益和慈善活动，其实是想告诉孩子，我们都深深"嵌"在这个社会里，对这个社会都负有责任。

益善代表博爱精神。亲爱亲爱，通常人与人因为"亲"而"爱"，如果不亲，自然疏远，甚至伤害后心里坦然，不觉得特别的内疚。但是，这仅是一种比较狭隘的社会心理，未来文明的发展，应当超越当下的功利。这种超越不是自然而然发生的，需要理念的支撑和实践的过程。让孩子益善，是想告诉孩子，我们每个社会人都要具有一点博爱精神。

益善促进品格提升。最开始可能因为强大而公益，逐渐会因为公益而强大。在为公益与慈善而付出的过程中，可从他人身上学习、汲取有益经验，促使自我品格、能力的提升。同时，通常公益和慈善没有直接利益回报，想要持续下去，需要一定的奉献精神。孩子若能从小讲点奉献，更有利于培养其他方面的良好品质。

益善最终成就大我。"士君子之处世，贵能有益于物耳。"(《颜氏家训·涉务》)人生在世，除了物质满足，还有精神需求和价值实现。精神满足也有不同层次，公益与慈善能够让孩子的精神世界相对博大，目光穿透鸡毛蒜皮的纠葛，更大程度实现人生价值。

在所住小区业主委员会任职3年来，孩子爸爸和其他热心委员一起做了不少事情。业委会是纯粹的公益组织，吃力不讨好。不过，这正是中国基层社会的无奈现实，生活永远纷繁复杂，包罗万象，但是我们无法逃避，必须面对。即使知道吃力不讨好，我们还是参与其中，并且把孩子也拉进来，是想给他树立一个榜样，让他知道，这个世界上有些人和事，即使看上去和自己无关，也需要主动关心，必要时应当为之付出。如果有一天，孩子到哪个偏僻地区做义工，进行志愿服务，我们不会感到奇怪，并欣然接受和支持。

良习

　　我选定了一册良好而完全的会话书，每日熟读一课，克期读完。熟读的方法更笨，说来也许要惹人笑。我每天自己上一课新书，规定读十遍计算遍数，用选举开票的方法，每读一遍，用铅笔在书的下端划一笔，便凑成一个字。不过所凑成的不是选举开票用的"正"字，而是一个"读"字。例如第一天读第一课，读十遍，每读一遍画一笔，便在下面画了一个"言"字旁和一个"士"字头。第二天读第二课，亦读十遍，亦在第二课下面画一个"言"字和一个"士"字，继续又把昨天所读的第一课温习五遍，即在第一课的下面加了一个"四"字。第三天在第三课下面画一"言"字和"士"字，继续温习昨日的第二课，在第二课下面加一"四"字，又继续温习前日的第一课，在第一课下面再加了一个"目"字。第四天在第四课下面画一"言"字和一"士"字，继续在第三课下加一"四"字，第二课下加一"目"字，第一课下加一"八"字，到了第四天而第一课的"读"字方始完成。这样下去，每课下面的"读"字，逐一完成。"读"字共有二十二笔，故每课共读二十二遍，即生书读十遍，第二天温五遍，第三天又温五遍，第四天再温二遍。故我的旧书中，都有铅笔画成的"读"字。

《丰子恺散文全编》，丰一吟编

浙江文艺出版社1992年版

🕐 2014.10.27

😊 4岁7月

　　我每周四去上杨老师的故事课，有时坐不住，不好好听课，常被妈妈批评。我还好几次把玩具弄丢，最近又把一支电风扇笔弄丢了。那是我上周五去上围棋课，老师喊同学们复述儿歌，只有三个小朋友复述出来，我是其中之一，讲的是"中间一子四口气，边上一子三口气，角上一子两口气，堵住鼻子没有气，再从棋盘拿下去"。结果老师表扬我，奖给我一支电风扇笔。可是我还没有高兴多久，当天晚上在超市就弄丢了。

🕐 2015.01.29

😊 4岁10月

　　上周三晚上，我要吃饼干。结果撕塑料袋的时候，我用力过猛，把袋子撕开一个大洞，饼干洒了一地。妈妈让我赶紧捡起来，我坐在地上慢吞吞地捡，爸爸拿来一只瓷碗让我盛放，我又把瓷碗弄成了两半。爸爸妈妈让我以后要小心。我说不怪我，如果是塑料碗，就不会摔坏了！我以前也撕过糖果袋子，也是用力过猛，一半糖被我洒在地上。

人的本性不喜欢受约束，因此，良好习惯的养成必然是长期磨砺的过程，也决定于孩子心智的发育程度。特别是对于3—6岁的孩子，常常"坐不住""不小心""丢三落四"。究其原因，身心发育不充分、精细动作不到位，眼、手、脑的配合不完全是根本。有些家庭，为了培养孩子良好的习惯，送到早教机构专门"强化训练"，美其名曰提高专注力、自制力，这种做法值得警惕，因为其违背孩子的天性。教育需要规训，但教育不仅限规训。培养专注比较好的做法是让孩子做喜欢的事情，并鼓励他坚持较长的时间，再逐步迁移到其他事项。至于丢三落四，不少孩子七八岁后还经常发生，可以通过物品分类有序摆放、做专门标记、写书面清单、睡觉前回顾检查等予以纠正，并做好长期心理准备。

很久前看到材料，一位小学老师故意在教室里放上金鱼缸，让孩子们轮流负责养金鱼。教室通常剩余空间不大，孩子们打打闹闹都已经转不过来弯，有家长因此怀疑，金鱼缸能摆多久而不碎？可是奇怪，有了金鱼缸之后，孩子们的打斗、冲撞反而减少了很多。我们觉得这个老师很高明，这则案例里面有心理学、行为学的奥妙，值得亲子教育好好借鉴。

🕐 2015.02.04

😊 4岁10月

　　爸爸有一套组合工具，上面有剪刀、起子等。我拿着玩，不小心把手弄破了，爸爸让我裹上创口贴。可是第二天，我玩的时候，又不小心把手割破了，只好再裹上创口贴，爸爸让我今后一定要小心。

🕐 2015.10.11

😊 5岁6月

　　我参加爸爸妈妈的朋友聚会时，一会要喝饮料，一会要吃木瓜，后来叔叔专门买了一个木瓜给我。回来我被爸爸妈妈批评了，说这样子即使其他表现很好，也不可以再买新的玩具，因为我提过分要求。

儿童天性好动，如果为了"安全"让孩子"不动"，则是因噎废食。我们的想法是，在孩子"动"之前进行必要的提醒和预警，如果出现坏的结果，不要抱怨他人，自己勇于承担。

我们理解的良习之一，是不提过分要求，特别是不在外人面前"趁机"提要求。朋友聚会，出于对孩子的照顾，一般都会满足其特殊要求，加上现在孩子大多机灵，很会察言观色，看出这里面的契机，借机提出平时父母不太可能满足的愿望。这种情况下，当面给孩子难堪，并不妥当，孩子再小，也有自尊。比较可行的办法是事前和孩子"约法三章"，事中给予适当暗示，如果孩子还是不能克制，事后给予一定的惩戒。

🕐 2012.12.20

😊 2岁9月

晚上我推着"小汽车"（碗）往桌子边缘走去。姥姥老远看到急忙赶过来，我已经把碗赶到桌子边缘，只听"咣当"一声，碗摔下去坏了，我立刻对姥姥说，对不起。

🕐 2012.12.23

😊 2岁9月

我看见有两辆车飞快地从我们身边开过，马达轰鸣声很大，妈妈说可能要出事。不一会儿在莫愁路路口，看见这两辆车停在那边，围了一堆人，果然出事了。我对爸爸妈妈说，你们开车也要小心。

🕐 2013.04.14

😊 3岁1月

前天有人在我们小区卖瓷器。我看中一个蓝色的葫芦，缠着爸爸非要买不可。后来爸爸花80元买回来，让我小心不要摔坏。我一会儿抱到爸爸妈妈的床上，一会儿抱到客厅的桌上，都没有摔碎。不料今天姥姥从老家回来，我拿给姥姥看过后，抱到桌上时不小心掉到地上，葫芦瓶摔得粉碎。爸爸问我难过不难过，我说很难过。

让孩子养成良好的习惯，终身受益，叶圣陶先生甚至说，**教育就是养成良好的习惯**。儿童时期是习惯培养和定型的关键时期，孩子的心灵是神奇的土地：播种思想，收获行为；播种行为，收获习惯；播种习惯，收获性格；播种性格，收获命运。因此"人生的扣子从一开始就要扣好"。

好的习惯是约束和限制，坏的习惯是放纵和恣肆。怎样养成好习惯？我们觉得：

一是形成统一认识。父母要经常和孩子讨论，吃饭、穿衣、洗澡、家务、外出等，应当遵守哪些要求和规范，怎样才能做到，如果做不到将产生什么样的后果，把外在的约束变为孩子内心的认同。当然，一开始孩子可能不肯接受，或者认识达不到高度，可以通过合适的契机，不断强化这方面认识。

二是注意示范引领。孩子天生有模仿倾向，而且充满好奇心，父母要用自己的好习惯去引导孩子。比如：父母不乱扔垃圾，孩子也会坚持垃圾入桶；父母喜欢看书，孩子也会捧着书读；父母不随意臧否别人，评论客观公允，孩子也不会轻易苛责他人。如果父母以身作则，孩子会无形中效仿，这也正是强调家风和家教之所在。

三是抓住重要契机。孩子自发做出比较好的行为时，应大加赞赏；孩子不自觉表现坏的习惯时，要严肃批评。批评之前要和孩子分析坏在哪里，为什么不可以这么做。"人生慎独慎初"，平时要留心孩子的"第一次"。孩子离开父母独处或者单独外出时，要防止其因周围不良环境引发不妥举止。

四是讲究批评艺术。对于孩子的不良习惯，当然要批评，但是很多时候孩子并非故意为之，父母不能简单地斥责，甚至说一些"上纲上线"的话，要帮助孩子分析行为背后的心理和动机。"只有懂得，才能做到"，只有孩子深刻意识到为什么，才能正确地去做什么。

五是做到持之以恒。有研究表明，养成一个良好习惯需要至少21天。可是，如果孩子已经养成一种坏习惯，要纠正起来，需要花费数个21天。这就要求父母在纠正孩子坏习惯的过程中，要有足够的耐心和毅力。

每个家庭都可能有孩子打碎物品的经历，孩子跑前跑后，摸来摸去，打坏几个碗盆再正常不过。一方面，可以把孩子吃饭的碗换成质地抗摔的碗；另一方面，可以在孩子玩耍时，要求他把容易摔坏的物品先挪到其他安全的地方。同时，借助一些合适的契机，比如上面车速过快导致事故等，告诉孩子吸取教训，避免类似情况的发生。

孩子看中葫芦瓷瓶，希望购买，虽然孩子爸爸也犹豫过，因为预计到很可能被摔坏，但还是帮他买了下来。摔坏之后，孩子很懊恼，也非常伤心，这个时候没有必要再火上浇油，甚至为此奚落他。他的伤心已经说明，他意识到自己的毛糙。需要等到孩子心智发育进一步完全，才能更有效地避免这种情况。

爱心

协和医学院的另外一种精神，就是仁心。最著名的故事发生在中国的妇科创始人林巧稚女士身上。据说当年她报考协和医学院的时候，参加一门笔试，正好在门口遇到一个病人晕倒，她到底是参加笔试呢，还是把病人送医院呢？她毫不犹豫地选择了后者，然后就回家了。她觉得没有希望了，因为一门考试没有参加。但非常意外的是，她居然接到了录取通知书。因为校方看到了这个行为，认为这才是一个大夫的品行。

当时协和医学院的妇科有一个美国科学家，这个人对门诊、住院病人一点兴趣都没有，天天埋头在实验室里搞实验。他取笑林巧稚说："你们这些女人，搞妇科？这是一门科学。不要以为给病人擦擦汗、捏捏病人的手就能当教授。这是一门科学，你能当得上教授吗？"结果第二年协和医学院就把这个教授开除了，聘林巧稚当教授，当妇科主任。

《罗辑思维 有种 有趣 有料》，罗振宇著

长江文艺出版社2013年版

🕐 2013.02.24

😊 2岁11月

前天妈妈买了一些进口饼干，我留了两块，一块给姥姥，一块给爸爸。我让爸爸吃，爸爸说他手没有洗，不能吃。我说爸爸，你不要动手，我拿着给你吃！

🕐 2013.10.30

😊 3岁7月

我对姥姥说，姥姥你老了，我来帮你洗脚，姥姥听了很高兴。今天姥姥一咳嗽，我连忙拿了一个纸篓给她。上周吃早饭，我把一只完好的包子给妈妈，自己留了一个残破的包子。我说，妈妈，你吃好的，我来吃坏的！

🕐 2014.01.13

😊 3岁10月

昨天我们出去玩，遇到一只狗。我说快跑，狗要追来了。我们跑了一阵，狗落在后面，不过很快又追了上来。我又让爸爸妈妈跑，他们让我一个人先跑，我说那狗追上来，你们怎么办？

孩子妈妈有一天给孩子讲故事。一个老奶奶做了一个机器人，后来机器人没有电了，老奶奶给机器人一换电池又好了。有一天老奶奶不行了，机器人也想给老奶奶换电池，却没有办法换。后来老奶奶去世了，不久后，没有人给机器人换电池，机器人也彻底坏了。

某种程度上，**爱心就是我们每个人身体里的电池**。父母照顾孩子穿衣吃饭，满足孩子各种愿望的同时，不要忘记给孩子"充电"：让孩子内心充满爱。爱心是相互的，不能单方面索取，也要让孩子懂得回报；爱心是叠加的，给他人爱的同时，不仅不会失去，还会收获，要让孩子勇于付出；爱心是博大的，父母亲出于对孩子的爱，可以有很多惊人之举，而教育得当，孩子也可以为父母做出很多。

教育孩子爱的最简单做法是"心中有亲人"，遇到有好吃的、好玩的，不是自己独吃独占、多吃多占，而是愿意和父母以及其他亲人分享，乃至把最好吃的首先给父母、亲人。当然，很多家庭不会真的接受孩子这么做，往往把最大的、最好的、最优的留给孩子，尤其是老人更会如此。那么，退而求其次，即便这么做，也不要这么说，至少不应当在表面上给孩子特殊的优越感。

另外，越是幼小的心灵越充满自然、朴素的爱，后天成长过程中，则因为各种原因，难以继续保持下去。这是一件无可奈何的事情，作为父母，需要呵护这种朴素的爱，不人为打击伤害。

🕐 **2015.06.25**

😊 **5岁3月**

　　昨天晚上我问爸爸要剪刀，爸爸看我手里拿着一块糖，说不许吃糖，我说我不是自己吃，是剪开来给妈妈吃。后来我剪开来给了妈妈，我说妈妈，我知道你最喜欢吃这种糖，给你吃。

🕐 **2016.04.14**

😊 **6岁**

　　晚上爸爸同学来了，我跟着一起去吃饭。最后服务员端来几片西瓜，我用手榨西瓜汁，榨了少量自己吃了，又榨了一些让爸爸吃。最后我又榨了一些，准备带回去给姥姥吃。我问爸爸有没有空瓶子，爸爸说没有。后来爸爸找了吃龙虾的塑料手套，可以装液体，我装了榨好的一点点西瓜汁，带回家给姥姥吃。

孩子爸爸写过一篇文章《教育的最高思想是爱心》，其中提到：斯霞老师80多岁还心系课堂。有一次到南师附小，坐在教室最后面听一位青年教师的课。下课后斯霞老师首先没有评价这位老师的课堂设计、教学技巧等，而是提醒她"板书可以写得再高一点，再大一点，因为最后排的学生看不清"。

我们以为一切教育理论、宗派、主张、实践，如果缺乏爱的支撑，将是无源之水、无本之木，不足道哉。没有爱的教育是没有生命力和持久力的，家庭教育之中，要把培养孩子对父母的爱、对他人的爱、对世界的爱、对自然的爱放在重要位置。

爱一个人的表现是愿意为他做事，比如给姥姥榨西瓜汁，为爸爸引路，给妈妈吃糖。所以，在生活中要鼓励孩子多做事，包括做家务活。一些父母和老人没有能够认识到做事的重要意义，除了锻炼孩子的自理能力之外，其实也是培养他们的爱心和责任心。每个人都是家庭成员，凭什么孩子不需要为家庭尽义务呢？

🕐 2015.02.14

😊 4岁11月

今天是情人节，爸爸妈妈带我去吃蛋糕。我们买了一个蛋糕，中途爸爸去银行办事，妈妈让我留一些给爸爸，我不肯，还说，早知道爸爸也要吃，不如我们买两个蛋糕好了。后来我一个没有吃掉，还剩下一些。我连忙拿给爸爸说，这是我没有舍得吃的，留给你吃吧！

🕐 2015.10.11

😊 5岁6月

在幼儿园吃民族小吃，我吃了个饱。我看还有糍粑和馓子，我说爸爸你饿了，你吃吧，我宁愿自己不吃，也要给你吃。我还想留一些带回去给妈妈和姥姥吃，爸爸说太少了，他就全吃了。晚上我回家对妈妈说，本来我想留些带回来给你们吃，但是爸爸不同意。

孩子有时候的"甜言蜜语"，其实"言不由衷"，这并非孩子"虚伪"，而是本性使然。越小的孩子，"吃"和"玩"的诱惑越难以抗拒。他们每天关心的不是"吃"，就是"玩"，在喜欢的"吃"面前，先考虑自己，再考虑他人，是可以理解，也是比较正常的情况。

一方面，父母不必过分在意孩子的这种"自私"，特别不要"上纲上线"，对孩子的"小伎俩"不妨一笑了之；另一方面，可以在日常就餐、外出聚会时，提前和孩子"咬耳朵"：不能只顾自己，要兼顾他人，好吃的东西要分享，或者只能吃属于自己的部分。

第三根桩

意志

孩子爸爸有位中等师范同学，入学时英语几乎零起点，师范期间萌生考研志愿，刻苦自学英语，研究生毕业不久，选择攻读北大哲学博士学位，重点研究德国、法国哲学和现象学，为此自学法语、德语，最近采用法文版，参校德文版、英文版，翻译当代法国著名哲学家伊曼纽尔·列维纳斯写的"有字之天书"《总体与无限》。我们深知老同学学术研究背后的艰辛，尤其感佩其这么多年甘坐冷板凳的坚韧、执着、专注与从容。

　　但凡人想做些事情，都需要一点百折不挠的精神。中国现代史上，有一群平均年龄不足20岁的战士，在2年多的时间中历经25000里长征，翻越20多座大山，其中5座位于世界屋脊之上且终年积雪，横渡30多条河流，其中包括世界最汹涌险峻的峡谷大江，走过世界上海拔最高的广袤湿地，平均3天发生一场激烈的战斗，每天急行军50公里以上……如今，长征已经成为一种象征、一座丰碑，漫长岁月过去，依旧被世人追寻并怀念不已。

　　现在的孩子大多是"温室中的花朵"，受到各方面的限制，经历风雨的机会较少，抗挫折的能力较弱。因此，更需要有意磨炼他们的意志，锻造他们的精神，让广阔的天地丰泽他们生命的意义。有句话说得好，如果一个人足够坚强，这个世界也会反过来迁就他/她。我们希望自己的孩子依靠品行而立得正，凭借意志而走得远。

从容

　　我是解放后才由北大国文系改入历史博物馆的，……记得当时冬天比较冷，午门楼上穿堂风吹动，经常是在零下10摄氏度以下，上面是不许烤火的。在上面转来转去学习为人民服务，是要有较大耐心和持久热情的！我呢，觉得十分自然平常，组织上交给的任务等于打仗，我就尽可能坚持下去，一直打到底。……我由于从各个部门初步得到了些经验，深深相信这么工作是一条崭新的路。做得好，是可望把做学问的方法，带入一个完全新的发展上去，具有学术革命意义的。如果方法对，个人成就即或有限，不愁后来无人。我于是心安理得，继续学习下来了。……从生活表面看来，我可以说"完全完了，垮了"。什么都说不上了。因为如和一般旧日同行比较，不仅过去老友如丁玲，简直如天上人，即茅盾、郑振铎、巴金、老舍，都正是赫赫烜烜，十分活跃，出国飞来飞去，当成大宾。当时的我呢，天不亮即出门，在北新桥买个烤白薯暖手，坐电车到天安门时，门还不开，即坐下来看天空星月，开了门再进去。晚上回家，有时大雨，即披个破麻袋。……在中国近三十年的剧烈变动情况中，我许多很好很有成就的旧同行、老同事，都因为来不及适应这个环境中的新变化成了古人。我现在居然能在这里很快乐的和各位谈谈这些事情，证明我在适应环境上，至少作了一个健康的选择，并不是消极的退隐。

《花花朵朵 坛坛罐罐——沈从文谈艺术与文物》，沈从文著

重庆大学出版社2014年版

🕐 2013.10.22

😊 3岁7月

　　夜里睡觉时我把枪枕在枕头底下，今天我早早就起来玩枪。但是枪的发声不响了，我在那里发躁，不断用手捶打枪柄，打了好多下。妈妈说我这一阶段像变了一个人，遇到不如意的事情，总喜欢急。后来我不肯吃早饭，因为爸爸把我的汤圆夹成了两半。还有一个面包外包装有点破，我一把扔到地上说，面包坏了，谁也不要吃，爸爸说面包没有坏，倒是我脾气坏了。再后来爸爸帮我修枪，结果声音恢复正常，我就不急了。

🕐 2016.01.25

😊 5岁10月

　　前天晚上，我弹琴时有一段总是错，我就自己喊"重来"。后来又错，我又喊"重来"，这样我前前后后反复喊了三十多次"重来"，可还是没有弹好。爸爸让我不要急，说我们享受的是"艺术"，而不是"正确"，错一点没有关系。后来我问爸爸可以错几次，爸爸说可以错三次，可是我错了不止三次，我难过得哭了。爸爸安慰我，建议我过一会儿再练，但我坚持要过关才停止。最后爸爸说不管对错，完整弹下来就"过"，后来我弹完，还是错了不少。不过，今天晚上我再练习，一点不错就过关了。

我们理解的从容有两层含义：

第一，做事从容。孩子由于年幼，往往做事毛糙，缺乏耐心，遇到困难容易发急生气，或者执着于自己某个想法、想要的玩具而不肯放弃。遇到这种情况，父母要理解孩子这个阶段的身心特点，宽容对待，冷静处理，悉心引导。

第二，心态从容。方式看得见，心态看不见。方式更多针对孩子，心态更多侧重父母。父母日常生活中如果做事举重若轻，遇事气定神闲，孩子耳濡目染，才可能从根本上培养沉着淡定、从容不迫的性格。

明朝洪应明《菜根谭》里有句对联我们很欣赏："宠辱不惊，闲看庭前花开花落；去留无意，漫随天外云卷云舒。"孩子小的时候，控制自己的情绪能力差，理解事理的能力也不足，遇到事情容易发急，而且很可能是大人看来芝麻绿豆大的事情。不过父母不宜用自己的经验判断孩子的世界，在大人看来微不足道的事情，在孩子看来可能大过天，因此从容与其说是对孩子的要求，不如说是对父母的约束。遇到孩子发急的时候，父母保持平和的心态，才能有更完美的解决方案。

我们在家里分工相对明确，孩子爸爸侧重陪同习武、学英语，妈妈侧重陪同亲子阅读、练钢琴。尤其是在练钢琴方面，正因为妈妈投入了大量精力，给予了足够耐心，孩子才能够坚持学习至今，没有放弃。基本上每天晚上，吃好晚饭，妈妈都会雷打不动地坐到琴前，等待孩子上琴，偶尔情况如妈妈出差，爸爸会"替补"出场，但因自身指导水平有限，陪练效果往往明显打折，这也许是此次孩子反复数十次自我"重复"、最后几乎大哭的原因之一。

无论孩子多么着急，父母都要稳住阵脚。一方面，不要无原则地安慰或者放弃，表示"算了""不弹了"，另一方面，也不过分拔高要求，大声斥责他，说出类似"这点苦都不能吃，以后能干什么""难什么难，不弹好别想离开"等话，而是应当给孩子比较积极的建议，"可以错三次，不要紧""过一会儿再弹也行"等。这个时候孩子最需要的不是"廉价"的安慰或者"非理性"的责难，而是可行的目标和方向。

说实话，大多数父母可能遇到孩子此类情况。我们觉得孩子发脾气不是坏事，孩子没有脾气才更糟糕。孩子发脾气的时候往往是教育引导的最好契机，父母要善于利用这些契机，采取适当方式，帮助孩子探索解决问题的路径。要鼓励激发孩子，帮助他们建立自信，并引导孩子从容应对生活中的困难障碍，而不是让自己的情绪降低到孩子的水平，和孩子对着干。

豁达

在罗瘿公的引荐下，徐悲鸿认识了当时担任教育总长的傅增湘。傅增湘看了徐悲鸿的画非常欣赏，表示说，如果有留学法国的机会，一定让徐悲鸿前往。后来，由于第一批留法名额有限，徐悲鸿未能名列官费留学名单上。徐悲鸿得知消息后大怒，认为傅增湘欺骗了他，当下写了一封言辞尖刻的信以泄心头之愤。不久，欧战结束，傅增湘仍然担任段祺瑞内阁的教育总长，在第二批留法学生名单中，徐悲鸿的名字赫然在列。徐悲鸿以为当初写信责骂过傅增湘，自己留学必然再无机会，却不料傅增湘不计前嫌，仍然记得之前自己的承诺，这让徐悲鸿大感内疚。

《徐悲鸿与刘海粟》（增订版），荣宏君著

上海三联书店2013年版

2014.01.27
3岁10月

今天上幼儿园，我坚持要带枪过去，结果回来时枪被弄坏了。爸爸责怪我，我说没有关系，我还有好多枪呢，你看，我这把枪不坏!

2015.11.11
5岁7月

博博因为表现好，被实习老师委托当小老师，负责发棒棒糖。我因为说话，博博没有发给我糖，但是我没有哭。爸爸表扬了我，让我下次再努力。不过我告诉爸爸，恒恒表现也不好，博博却给他发糖了。

2016.08.19
6岁5月

我的一个变形金刚玩具，零件被爸爸弄乱了，我责怪爸爸，不理睬他。爸爸说玩具就是让我们反复拼的，乱了再拼就是了，我生气没有道理。我拿着玩具转身走了，过了一会儿，我回来笑眯眯对爸爸说，你看，我已经重新拼好了，刚才我生气是骗你的!

安徽省桐城市区西南有个"六尺巷"，全长100米，宽2米，建成于清朝康熙年间，巷道两端立石牌坊，上刻"礼让"二字。据史料记载：该巷毗邻清代翰林院大学士、礼部尚书张英的老宅，张家因巷道被邻居侵占，不服求援于张，张英寄回来一首诗"千里家书只为墙，让他三尺又何妨。长城万里今犹在，不见当年秦始皇"。家人得书后主动撤让三尺，邻居听闻后也退避三尺，于是该巷得名"六尺巷"。

我们为什么希望孩子豁达？

第一，"不如意事常八九，知心人只有一二"。人生想要精彩，必须经历坎坎坷坷，风风雨雨，没有一点豁达态度和阿Q精神，很难度化得过去。遇些挫折就钻牛角尖，遭点冤屈则寻死觅活，哪里还有幸福可言？更不要谈辜负来人世一趟。

第二，世间很多事情，纯系鸡零狗碎，根本不值得牵挂和计较。生命短暂而宝贵，应当充分珍惜，确立远大的目标，追求更高的境界，做些实实在在的事情，而把一时的委屈、嘲讽、打击作为修行的挑战，这样才有利于克服困难，砥砺前行。

第三，要善于从他人立场、角度看问题。有时候自己执迷的选择、奉为圭臬的真理，从对方角度看一看，未必成立与可行。当然，孩子得失不太在意的心态有好处，也有不利之处。好处在于能很快调节自我，不至于陷入无休止的烦恼，坏处在于容易保守退缩。这其实是大人的投影，什么样的家庭和父母，影响出什么样的孩子。反躬自省，孩子爸爸本人身上即存在某种淡泊、清高的倾向，不大喜欢计较，有时得过且过。朋友说比较好的解决策略是努力放大自身优势，回避劣势，扬长避短而非取长补短。

豁达不是没有原则和底线，丧失目标和追求，对生活抱着"无所谓"的态度。真正的豁达是学会谦让，舍得放弃，遇事不斤斤计较，让自己心胸更宽，气量更大，看淡一时的得失，而把主要精力放在人生更重要的追求上面。

选择孩子当班级小干部"管"人，未能做到客观公正，完全可以理解，毕竟是孩子。但是，其他小孩对此的态度有别，有的会比较计较，心理失衡，有的会比较淡定，不太在意。以我们的经验，计较的孩子背后往往有计较的家长，淡定的孩子背后往往有淡定的家长。究竟是计较好，还是淡定好，不能一概而论，看各自的人生态度。

我们的态度是孩子要能吃亏。从小遇到些"不公正"的事情，适当经历些纠结和彷徨，更有助于孩子理解公正的价值所在；从小遇到些打击和挫折，遭遇失败，乃至被嘲弄，更有助于孩子理解成功的艰辛，体验成功的喜悦；从小被忽视，排除在光环之外，更有助于孩子学会感同身受，对他人的失落抱以真切的同情。如果这些在未来人生中必然会遇到，那么，早一点经历，不是一件值得庆幸的事情吗！

当然，如果有暴力的掺杂，导致超过限度的不公，大人也需适当介入，防止孩子幼小的心灵被侵蚀，留下不必要的阴影。国家要求治理校园欺凌，原因正在于此。一般来说，普通孩子之间的"过节"，不至于达到非正常的程度，大人不必大惊小怪，当然，也不等于放任不管。

可喜的是，我们的孩子在经历若干次挫折和打击之后，竟然学会了用幽默和玩笑的态度对待之，这正是我们理解的"豁达"真髓之所在。真正的豁达不仅仅是"看开"，而且是用更为轻松的方式告诉他人，自己已经彻底"放下"。

坚韧

根据录像带上记录的时间，刘海粟是1990年5月21日的下午3点26分到达大峡谷的。他坐的是一架只能载乘十来个人的小飞机。当飞机在机场上空做降落盘旋的时候，飘飘悠悠地像个小蜻蜓。难怪夏伊乔说刘海粟开始吓得不敢坐，为了去大峡谷，只好豁出去坐……

峡谷的阵风很强劲，把刘海粟稀疏的头发吹得直愣愣地横在脑后，像一根根银色的刺。刘海粟的头上脸上流满了汗。汗水流进了他的眼睛里，他吃力地用袖口擦。他一边擦，汗水一边不停地往里面流，刺得他只好虚着眼睛画。

这幅画画了两个多小时，到13点50分结束。签完名，刘海粟的右手痉挛了，他想把画笔放下，手抖得非常厉害，手指头怎么都张不开了……刘海粟几乎瘫痪掉了。硬被架起来之后，他没有办法迈动脚步，两条腿一个劲儿地打战打软。夏伊乔喂他喝可乐，他把嘴唇贴在可乐罐口上，抖索了好大一会，也没有力气往嘴里吸。他的面色惨白，面皮下垂，满脸都是虚汗，嘴唇一点血色也没有，眉毛雪白，头发还保存着强风中的姿态，直愣愣地在脑袋后面刺扎着，看上去像一个苍老不堪的大猿猴……

逆光里，刘海粟的头正好在太阳落下去的地方，整个人成了一个黑色的剪影，像一座小小的金字塔。霞光沿着他的身体边缘，映出一道朦胧闪耀的光环。

《沧海》，简繁著

人民文学出版社2002年版

🕐 2015.10.11

😊 5岁6月

在浙东小九寨，我买了一个水桶、一把水枪和一个渔网。姥姥要帮我拿，妈妈不允许，说自己的事情自己做，不然得不到礼物。我拿了会儿，姥姥忍不住又要帮我拿，我大叫着不要她拿，我说不然我就得不到礼物了，妈妈责怪姥姥不让我做事。后来在南浔，妈妈买了一个大猪肘子，我想买玩具小汽车，妈妈又让我背。姥姥想帮我背，我不让，坚持自己背，脚走得一瘸一拐，我也坚持自己背。

🕐 2016.01.25

😊 5岁10月

前几天下雪，这两天天气很冷。昨天零下九度，是我出生以来南京最冷的天气。不过，昨天爸爸表扬了我，因为下午我冒着大风和严寒，和爸爸一起去看书画展。那里人很多，我们看到柳阿姨和黄伯伯。后来又去给助力车加油，去吉姆工厂拿落下的水杯，还去银行取钱。路上真冷，脸都要冻僵了，爸爸说我表现真好。

本书描述意志涉及坚韧、勇敢、执着三个概念。我们理解：所谓坚韧，"韧"大于"坚"，是指能忍耐，反义词是"脆弱"；所谓勇敢，"勇"大于"敢"，是指不畏惧，反义词是"怯懦"；所谓执着，"执"大于"着"，是指不放弃，反义词是"动摇"。遇到困难，不轻易认输，是坚韧；不畏首畏尾，是勇敢；不轻言放弃，是执着。坚韧是咬定青山不放松，任尔东南西北风；勇敢是泰山崩于前而色不变，猛虎趋于后而心不惊。执着是路漫漫其修远兮，虽九死其犹未悔。坚韧是厚度，不屈不挠，忍受力强，能够抗压；勇敢是强度，敢作敢为，勇气可嘉，不怕困难；执着是长度，持之以恒，一步一个脚印，绵绵发力，久久为功。

我们经常带孩子走路（远足），走路并不难，难在腿走酸了，脚走疼了，还能强忍着继续下去。我们外出经常让孩子自己背个包，装上简单的物品，有时也会让他帮助大人拿一些东西，拖行李箱，拎包等，这些也不难，因为不会很重，难在孩子心里认同这样做，不抱怨，不撒娇，能够做到，就是我们心目中的坚韧。孩子在成长过程中，"坚"有时需要借助外在条件，如身体发育，"韧"主要发自内心。

相比勇敢而言，我们更看重孩子的坚韧和执着。勇敢需要能力，面对比自己块头大、力量足的孩子，很难勇敢得起来。但日常生活中有些简单的事情，例如走路，不需要能力、技巧，但是未必孩子们都能坚持。在容易、不起眼的事情上体现出韧劲，能够做好更为重要。

坚韧、勇敢、执着三者的关联：坚韧不一定勇敢，有时内心也会害怕，但即使害怕，仍然可以坚韧；勇敢不一定坚韧，"慷慨赴死易，从容就义难"，勇敢可能指爆发力强，但是容易折断；执着不一定坚韧和勇敢，有时可能畏惧，或者脆弱，但是最终能够战胜自我，砥砺前行。

孩子上幼儿园，距家3公里多，来回都是电动车接送。不少朋友对我们说，电动车夏天还行，冬天不行，太冷了。不过我们开汽车不方便，坐地铁不顺路，骑自行车太花时间，所以无论冬夏，都是骑电动车，包括大风大雨、严寒冰雪，有时送到幼儿园，孩子身上湿漉漉的，不得不再回来拿衣服鞋子去换。虽然偶尔心疼，但是习惯了，也不觉得有什么不妥。

孩子练习武术好几年，有时候练功不到位，偶尔也会被教练打几下。不是不疼，而是孩子能忍，能忍就不觉得疼，不能忍，碰一点点也会大喊大叫。其实，疼本身是一个相对的概念，疼既是身体的感觉，也是心里的感觉，大人不刻意强化，孩子的疼痛感很快就会过去。罗曼·罗兰说："世界上只有一种真正的英雄主义，那就是认清生活的真相后，还依然热爱它。"我们愿意与孩子一起努力。

勇敢

贺炳炎躺在敌人丢弃的阵地上昏迷不醒。

贺龙赶来问卫生员："胳膊保得住保不住？"

卫生员摇摇头，说："只有锯掉胳膊才能保住性命。"

贺龙对参谋说："去弄只老母鸡来。"然后问卫生员："几时开始锯？"他得到的回答是："午饭后就干！"

给贺炳炎锯胳膊的时候，他疼醒了。

没有麻药。一条大锯在开水中煮了一个小时。几个红军战士负责按住他的双腿和身体。他们还准备了一条毛巾，把师长的眼睛蒙上了。贺炳炎清醒后把毛巾扯下来，看了看说："都靠边！锯吧！"说完把毛巾咬在嘴里，眼睛一闭。

卫生连的几个战士心一横，用脚踩住他的右胳膊，锋利的锯齿对准枪伤的伤口"嗞啦"一声锯了下去……

《长征》，王树增著

人民文学出版社2006年版

119

🕐 2013.02.12

😊 2岁11月

　　昨天乡下奶奶翻出好多蓖麻籽晒太阳。一开始我很害怕，因为蓖麻籽的样子很像虫子。妈妈给我糖吃，但是故意放在蓖麻籽里，我不敢去拿。后来爸爸鼓励我摸摸看，我反复看了看，没有什么可害怕的，就去摸了一下。结果我不仅不怕了，还抓了一把放在爸爸手上。最后我还把蓖麻籽放在爸爸的耳朵里。

🕐 2014.09.23

😊 4岁6月

　　上周，爸爸妈妈带我去看电影《不惧风暴》。里面的龙卷风很厉害，把树、房子、汽车、飞机都吹上了天。爸爸问我害怕不害怕，我说不害怕。在观看中，我让爸爸妈妈手拉手，同时另外一只手拉着我，这样我就更加不害怕了。

颜之推说："夫生不可不惜，不可苟惜。""涉险畏之途，干祸难之事，贪欲以伤生，馋愍而致死，此君子之所惜哉。""行诚孝而见贼，履仁义而得罪，丧身以全家，泯躯而济国，君子不咎也。"（《颜氏家训》）勇敢需讲原则、底线和方法，而不是图一时之快、逞匹夫之勇。鲁莽不是勇敢，勇敢是理性、冷静、机智地处置事情，而鲁莽是粗野冲动、头脑发热、意气用事，血气之勇不是真正的勇敢。

对于不常见到的动植物，孩子初次看见会有所害怕，解决的办法是有意带孩子到农村、山区、河渠，多鼓励孩子历练历练，例如捉蜘蛛、逮蚂蚱、捕鸣蝉，看一看癞蛤蟆、蛇，包括观察家里可能出现的蟑螂、飞蛾等，领着他们阅读动植物词典，看一看动植物世界、相关视频。只要认识了这些动植物的特点、习性，能判断危险的程度，"见怪不怪"，孩子就不会过分害怕。

必要的知识能够破除恐惧。当孩子害怕一些事物时，父母可以给孩子讲一讲有关这些事物的基本情况、原理、故事，并告诉他们只要正确对待，就没有危险。父母也可以适当带孩子读一点恐怖故事，看一点惊险电影，帮助孩子分析"鬼神"的存在问题，并判断情节场景的真实性，既不冒冒失失，也不畏首畏尾。

🕐 2014.09.23

😊 4岁6月

　　上周日，爸爸妈妈带我去金牛湖玩。我们和另一家游客合坐一艘快艇，那是爷爷奶奶带着一个小哥哥。我不用爸爸妈妈扶，独自一个人走上了船。在开船中我很兴奋，忍不住站了起来。那个小哥哥比我大两岁，却害怕得直哭，我还安慰他：小哥哥，不要怕，马上就好了。

🕐 2014.10.08

😊 4岁6月

　　晚上姥姥告诉爸爸妈妈，有一件事把她吓坏了。早晨爸爸上班时把雨伞挂在天花板上，下午我从幼儿园放学回来，想把伞拿下来，不过够不着。我就拖来一张大椅子，在椅子上面又放了一张小凳子，然后自己爬上去拿雨伞，姥姥看见吓了个半死。爸爸听了以后鼓励我说没关系，并提醒我爬凳子要多小心。前几天我们到龙川胡氏宗祠玩，爸爸让我从1米多高的台阶上往下跳，我一开始不敢，要爸爸扶我，后来我终于敢自己跳下来，爸爸说我胆子大了许多。

孩子勇敢不勇敢，往往与家庭教育有关，勇敢是培养出来的，勇敢的培养需要方法。

　　有的孩子可能天生性格内向，依赖性比较强，如果父母不注意扩大孩子交往的圈子，与外界接触太少，孩子遇到新环境就会很不适应，因此畏缩。有的孩子可能比较好动，父母希望孩子文静一些，有时会用鬼神、恐怖故事吓唬他，或者训斥他，分寸不当会适得其反。有的孩子随老人长大，很多事情老人不鼓励、不放手，剥夺孩子各种尝试的机会，也会导致孩子畏手畏脚。

　　培养孩子勇敢需要过程。勇敢不是固态的结果，允许害怕，允许反复，允许犹豫。要多鼓励孩子自己去面对困难，克服依赖性，不对孩子过分呵护。另外，勇敢还来自实力，增强孩子实力是维持勇敢的动力来源，而实力的提升更需要过程。随着孩子的成长，他们会逐渐感到自己有能力、有办法应付更大的问题和困难。当然，必要时父母可以提供一定的协助，帮助孩子获得安全感。

🕐 2013.01.10

😊 2岁10月

　　今天晚上，我在客厅玩球。我往前一冲，球一滚，结果我滑倒了。身子侧撞在椅子上，左耳朵外耳廓顿时红肿起来，还有一些青斑。我大哭了一阵，后来爸妈带我出去转了转，让我今后小心一点。

🕐 2016.02.17

😊 5岁11月

　　大年初一在家，我和爸爸玩"过五关斩六将"。我演关羽，爸爸分别演六将。我们互相打斗时，我批评爸爸：爸爸，你演戏有点不好，你总是逃跑，逃跑是没有用的，要勇敢地战斗才行。

子曰："见义不为，无勇也。"儒家文化强调"勇"，并且把"勇"作为实行"仁"的条件之一，见到应该挺身而出的事情，如果袖手旁观，就是不勇。当然，勇有小勇和大勇，符合"仁、义、礼、智"的勇才是大勇。

勇敢来自尝试。陌生的环境、陌生的人和事，孩子天生会有所畏惧，这其实是上天的保护措施，避免孩子受到无谓的伤害。但是不能始终停留在这样的状态，父母要给予孩子尝试的机会和探究的时间，不宜限制太多，束缚太多，让孩子能够变陌生为熟悉。

勇敢来自交往。孩子过分封闭，与外界接触太少，获得的经验有限，就容易惧怕。要让孩子多与其他孩子玩耍，不仅要和比自己弱的孩子玩，也要和比自己强的孩子玩。还要经常带孩子走出家门，参加社会实践活动，以及必要的应酬，让孩子在应对各种陌生场合，包括突发事件中成长。

勇敢来自示范。孩子爱模仿父母或者同龄人的言行，示范和榜样对孩子影响极大。父母应该以自己无所畏惧的形象来影响孩子，并鼓励其向周围勇敢的孩子学习。父母也可坦陈自己的心路历程，说明内心因害怕产生的思想斗争，让孩子明白，勇敢并非天生，而是后天锤炼的结果。

勇敢来自责任。孩子长大一些后，要让他们感受到在这个世界上，索取和享受之外，还需要付出和担当。有时即使内心害怕、孤独、彷徨，也需要付之行动；即使遇到艰难困苦、阻碍挑战，也需要努力克服。来自责任和信念的勇敢，是更持久的大勇。

当代旅行家杨柳松著有《北方的空地》，描述其穿越西藏羌塘无人区的经历，其中提到遭遇野牦牛的故事。据杨柳松先生讲，身躯重达一吨的野牦牛其实是荒原中生性最胆小的动物，它们遇人最初的反应是尾巴翘起、蹄子磨地，犄角向前，双眼发红，身上长毛不时抖动，一副牛魔王的凶狠劲头，实质上内心充满了恐惧，如果人壮着胆子不去理睬，当靠近野牦牛群时，它们会突然溃败转身逃去，和先前狠劲截然相反，情势转变之快令人错愕。电影《七十七天》里专门有此一幕场景。

如果说动物的"勇敢"与否更多来自本性，那么人类的勇敢则可以通过后天培养。我们的孩子天生胆子并不大，磕碰之后同样会大哭。作为父母，要理解和接受孩子的"怯懦"。虽然有句话"初生牛犊不怕虎"，但是不能对所有孩子一概要求之。孩子遇到新的环境和状况，产生一些恐惧、焦虑和脆弱的感觉，不是父母简单告知其一两句话"不用怕、没关系"可以克服的，也不是强迫命令可以改变的。而且，恐惧本身也是自我保护的一种本能，对生命成长并非全无益处，要理解孩子身心发育的特点。当然，如果孩子反复表示害怕，也需要细心观察，分析真正的原因，不可含糊对之。

耐心

技艺容不得欺骗，技艺里没有捷径。一座宫廷钟表层层组装，上千个零件必须从最底下开始每一个零件都严丝合缝，错零点一到两毫米都可能导致最后的整体罢工；一件青铜器碎成毫无规则的一百多片，有一块碎片位置不对都拼不起来；在三伏天的深夜一个漆农忙碌一晚上只能采漆八两，"百里千刀一斤漆"；修复太和殿龙椅用的鱼鳔胶，年轻小伙儿轮流着一刻不停地砸，一天下来顶多能砸半斤；一块木雕要手持穿着牙签的锉草手工打磨三遍以上才会有圆润细腻的岁月感；古字画修复揭命纸有时靠指搓，一幅画揭一两个月，搓的过程枯燥，只能拼耐心；临摹一幅画的周期是一年起，一个临摹师一辈子临不了几张很成功的作品……他们沉入工匠无名无我的广阔时空中，面目变得沉静，在此时空中，个人变得渺小，但以另一种方式接近永恒。

《我在故宫修文物》，萧寒主编，绿妖撰稿，严明摄影
广西师范大学出版社2017年版

🕐 2016.05.18

😊 6岁2月

　　在去曲阜的火车上，我玩塑料拼搭，把一个小黑轮胎弄掉在车座位底下。我翻开椅子没有找到，又拿来爸爸的手机照明，继续在椅子夹层里找，几个椅子都掀翻，终于找到了。后来又有一个零件丢了，我也是反复翻找，终于找到了。

🕐 2016.06.04

😊 6岁2月

　　儿童节在南师大参加活动，中间我几次提出来要喝水，爸爸说等一等，等其他大多数小朋友都喝水了再喝。后来多数妈妈爸爸拿来瓶子给他们孩子喝水，爸爸说可以喝了，让我自己去拿。后来我们围在一起举行篝火晚会，我和爸爸走散了，我也不紧张，耐心找到班级的班牌，结果发现爸爸就在那里。

童年要让孩子多玩，玩的过程中，能够培养孩子多方面的意志品质，包括耐心。带孩子折纸、搭积木、做游戏、玩各种模型、捉迷藏，都是培养孩子耐心的契机。各种玩乐，有的简单，有的复杂，大人看上去很简单的玩乐，对于孩子都有一些挑战。例如折纸，孩子即使折个对角线，也需要花点心思，还有很多塑料拼搭，零件细小，造型多变，都不是随随便便就能完成的。即便是找个丢失的零件，也是挑战耐心的机会。玩的过程就是忍耐的过程，因为在作品最终呈现之前，都是考验，只不过孩子因为快乐而不觉得。因此，童年要尽量给孩子充分玩耍的机会，长大以后，良好意志品质会自然显现。

培养耐心时，让孩子"等一等"非常有效，等待其实就是磨性子、养耐心的过程。为了让孩子愉悦接受，不至于拧着干，父母需要认真考虑"等一等"的理由。例如上面的记录，孩子爸爸说作为一项集体活动，别的孩子没有喝水，我们最好也忍一忍，这个理由孩子难以辩驳，也容易理解和接受。如果不是群体活动，父母也要善于找到让孩子"等一等"的理由。

🕐 <u>2014.03.24</u>

😊 <u>4岁</u>

　　上周五，妈妈买了纸模型飞机和轮船回来。妈妈先带我折好了纸轮船，后来再折纸飞机时，我折不好，在那里发躁，结果把模型弄坏了。爸爸回来之后，耐心帮我修复并折成功了，我说爸爸你真厉害。我还对妈妈说，妈妈，我们都要向爸爸学习。

🕐 <u>2015.06.14</u>

😊 <u>5岁3月</u>

　　上一次妈妈睡觉，让我到时候喊她起来。我到房间三趟，看看时间真的到了，才喊：妈妈，该起床了。

🕐 <u>2016.01.07</u>

😊 <u>5岁9月</u>

　　昨天吃糖，有一块掉到玩具堆里，妈妈找了一下没有找到，爸爸说算了。后来我仔细找，终于找到了，妈妈表扬我做事有耐心。

　　我玩的一个陀螺，抽条不见了。我说没有关系，我们耐心慢慢找一找，爸爸表扬我不像以前那么性急了。

耐心是意志的重要方面，与其他意志如主动性、自制力、耐挫力、承受力等相辅相成，需要联合培养。一个人要想做成些事情，耐心是关键因素之一。耐心不仅帮助孩子更好地学习，对其人生其他方面也都有很大影响。无论是文艺创作，还是科学研究，抑或商业经营，没有耐心，往往一事无成。

我们经常能听到周围父母抱怨孩子没有耐心，有些是做事三分钟热度，时间稍长一些，就坚持不下来；有些是看到、想到什么，就非得立刻兑现，不然大吵大闹；有些是做事马虎，虎头蛇尾，很难把一件事情从头到尾完整做下来。这些情况，在我们孩子身上都不同程度地存在。

怎样培养孩子的耐心？我们的建议：

一是父母要做榜样。父母做事没有耐心，孩子看在眼里，记在心里，说再多的道理都显得苍白。我们平常坚持做很多事情，例如整理这本书的基础就是我们长期坚持记日记。孩子爸爸从18岁开始记日记，到现在没有停止，积累有20多本。平时常拿出日记给孩子看一看，激励他做个有恒心的人。

二是帮助研定计划。耐心的养成，不是一蹴而就的事情。父母要善于引导帮助孩子做规划（计划），每天必须做些什么，周末怎么安排，假期有何打算，最好能够写下来或者画下来，让孩子时常对照看一看落实的情况如何。如果哪天孩子没有完成，最好及时补上，让孩子体验到做事应当有始有终。

三是讲究策略方法。遇到孩子没有耐心，父母很容易着急上火，有时还会不分青红皂白地责骂。但是孩子毕竟是孩子，单纯责备无济于事。父母可以在孩子随意提出要求时，给予一些前置性条件，如等待3—5分钟，先做好某事（洗手、搬凳子）再说，或者预见到孩子没有耐心之前，先约法三章，并且录音见证，对孩子不合理要求不轻易让步，但也不硬顶。

四是注意循序渐进。可以通过日常小事来培养孩子做好简单事情的耐心。例如，洗碗、擦桌子、收拾房间等，如果孩子做得不错，及时给予肯定和表扬。慢慢地带孩子做一些难度较大的事情，鼓励孩子不半途而废，强化孩子耐心做事的好习惯，难度过大时父母也可以适当协助。

五是一件事磨砺法。帮孩子选择一两件事，每天都做，持之以恒，长期坚持下去。例如，我们让孩子练武术和弹钢琴，基本上每天都进行。到了规定时间，孩子就知道要做这件事，不做或者没有做好不行。两三年下来，孩子至少养成做好一件事的耐心，就有了迁移做好其他事情的基础。

中国大中城市孩子从小学钢琴的多如牛毛，但是为什么要学琴？理由不一。有的是出于等级考试，有的是出于艺术教育，有的是出于从众心理，有的是出于择校需要。不过，无论什么出发点，要想学好都不容易。即使是神童，也要付出极大努力。因此孩子弹不好琴是正常的，一学就会、一弹就棒才是不正常的。

我们主要是出于艺术修养，让孩子学琴。总体上，我们给孩子学琴的环境比较宽松，作为"日课"，孩子每天弹琴时尽管有些小拒绝、小情绪、小磨蹭，但大多数时候心情比较放松和愉快。而且每次到老师那里"还课"，都能得到老师的表扬，甚至我们在家里觉得弹得比较糟，老师也是肯定多、否定少。后来了解到，老师是把他和其他同龄学琴的孩子比较，我们孩子弹得不好，其他孩子可能弹得更不好。这也说明父母对学琴难度的判断，有时是不准确的，父母这时候如果批评过度，很难让孩子心悦诚服。

学琴既提升素质，也磨炼意志。通过学琴，孩子能够增强克服困难的勇气，培养面对生活的从容心态和信心。有一次，孩子爸爸带他去超市买衣服，孩子看到玩具挪不动步子，爸爸就先出来躲在一旁偷偷观察。结果孩子出来见不到爸爸，不哭不闹，直接走到爸爸车旁边静静地等。后来爸爸出现在他面前，问他看不见爸爸是不是着急了，他说不着急，反正爸爸要到车边来的。这说明，在不知不觉之中，孩子已经成长，这种成长，与日常的各种磨炼不无关系。

执着

　　（吴冠中）在陌生人面前，在一般场合，是沉默寡言的，还略带点羞涩。但在谈论艺术或与艺术有关的问题，在遇到互相了解的人时，他却是若决堤江河，激动和目光逼人地和你高谈阔论。谈到艺术，他会从内心冒出火焰，他的文章也奔放而充满激情，具有强烈的煽动性（张仃和我，曾在背后称他为"激动派"）。文如其人，这就是为什么说：吴冠中的个性，是先天地适宜于从事"疯狂的感情事业"的人。苏佛尔皮老师是深深地理解这个学生，并且正确地指出这个学生一生的艺术道路。

　　吴冠中生活平淡俭朴，即使是八九十年代很有可能变成"大款"时，他还是我行我素，作为一个艺术家，他并不随着社会新潮去追逐汽车洋房。1996年春，我去他的新居拜访，也只是简单的四居室和不大的画室。对人——尤其是青年人和蔼，和许多艺术家（包括徐悲鸿）一样，有丰富的幽默感。由于长期的蹉跌磨砺，他对一些人世间问题，采取沉默审慎态度，但对于和他生命等价的艺术问题，他既勇敢又执着。他认为他自己一生，"只缘任性"——是强烈的主观意识，千方百计甚至不顾一切要达到自己的愿望，"那是纯真的追求，那是毅力，那是野心，任人评说"（吴文：《九十年代说自己》）。

《画坛师友录》（增订版），黄苗子著

生活·读书·新知三联书店2007年版

🕐 2015.06.01

😊 5岁2月

　　我现在练琴，每周去老师那里一次，每次领回来3—4首曲子。周五晚上我练了一小时，最难的一首曲子总是练不好，我想打退堂鼓，不肯再练。妈妈批评说不行，爸爸也说做事要有 will power，后来我还是坚持了下来。

🕐 2015.07.24

😊 5岁4月

　　前天我弹琴很自觉，妈妈让我多练习几遍，我就多练习了几遍。有一首比较难，我练得有点急躁，后来妈妈走开，我自己单独练了好几遍。我自言自语说一定要练好，爸爸说这是我练琴中第一次。

无论是培养耐心，还是坚韧、执着，有一个办法比较可行，就是前文说过的一件事磨砺法，例如弹琴。

大多数孩子练琴都会有反复。最初兴趣比较高，劲头比较足，一段时间以后，慢慢兴趣淡下来，会感到枯燥无味。加上其他新奇的诱惑不断涌现，这时多数孩子会表现出不耐烦，拒绝或者拖拉。

兴趣是最好的老师，这句话本身并不错，如果一个人对某方面表现出强烈的兴趣，确实能激发无限的热情和动力。但是，这句话反过来"最好的老师是兴趣"，我们认为并不成立，即不是每一项学习，都是建立在兴趣之上。尤其孩子年幼时，兴趣多变，维持兴趣的动力需要外在支撑。如果单纯强调内生性，很多兴趣是很难持久的，最终难免自生自灭。

这个时候，需要适当的强制，乃至逼迫，至少在孩子说"不"的时候，不要轻易认同，可以延期一段时间，再观察比较一下。印度电影《摔跤吧，爸爸》中爸爸的做法即是如此，在孩子妈妈希望终止时，爸爸坚持说再练一年看一看，后来果然有了转机。

我们的孩子是普通孩子，所以练琴有反复，不肯练，摆出各种姿势软抗拒。不过，也有一些时候他又表现出难得的执着和韧劲。我们觉得，练琴既是目的也是手段，通过练琴，可以收获音乐之外的很多东西。

🕐 2015.11.29

😊 5岁8月

　　上周爸爸带我去金陵图书馆还书，我看到有一个小哥哥在读复仇者联盟的书，我也很想看，可是不好意思向小哥哥提。后来爸爸带我过去问小哥哥，小哥哥说还到架子上了，我们又去架子上找。我说爸爸我们分头找，你找这边，我找那边，谁找到了就告诉对方一声。爸爸看到无数的书在架子上，心想怎么能找到呢？哪知一会儿工夫，我说我找到了，爸爸表扬我眼睛真尖。

🕐 2015.11.29

😊 5岁8月

　　昨天爸爸和我一起玩王叔叔送的玩具，是14合一的太阳能机器车。爸爸把装好的发动机放在太阳底下，齿轮果然转动起来，而且太阳光越强烈，那个齿轮就转得越快，哔哔作响，真是很神奇。

　　晚上回来爸爸和我搭大型战车robot，大部分都还好，就是有些小零件和车轮搭配不顺利。我搭了好一会儿，实在没有耐心，爸爸还在坚持，最后终于搭好了。妈妈问能不能走，爸爸说不能走，因为传动装置有点问题，齿轮不能带动。

　　今天早晨，爸爸5:45起床，又继续琢磨机器人。他发现有一个齿轮装反了，调整过来后，果然在太阳底下走动了。

这次图书馆找书，确实令孩子爸爸很惊讶，因为儿童书架上的书太多了，而且翻阅的人多，无法按顺序摆放。能不能做到"大海捞针"，说实话，孩子爸爸心里是打退堂鼓的，幸亏没有说出来，而是选择和孩子一起尝试。

　　培养执着，也可以带孩子看一看这方面的经典电影。我们曾经带他看智利电影《地心营救》，讲的是智利国家的一群矿工，因矿难被困在地底下700多米，后来政府想方设法把他们营救上来的故事。电影是根据真实故事改编的，孩子看了很受触动。

　　西方人常说一句话：Show it, not tell it。父母的教育，始终身教大于言传。

　　孩子爸爸经常在孩子面前做一些"傻事"，即那些本身并不复杂，但是需要花费较长时间和较大耐心才能完成的事情。例如帮孩子的玩具修修补补，尝试安装机器人等。

　　我们欣喜地发现，在爸爸的带动之下，孩子做事表现得越来越有耐性。当然，孩子的执着目前还停留在初级阶段，主要是对他比较感兴趣也有趣味的事情上面，如玩赛车。后面能否逐渐迁移到学校学习或者其他并不是特别有趣的事情上，我们虽然没有足够的把握，但也还有一定的信心。

🕐 2012.12.23

😊 2岁9月

　　昨天周末，爸爸妈妈带我去江苏科技馆。我们看里面的梦幻合成表演，是改编的《卖火柴的小女孩》的故事。爸爸和妈妈轮换着抱我（低了看不见）。其他小朋友全都走了，只有我还在那里。最后我把故事全部看完时，周围一个人也没有，爸爸表扬我做事能坚持。

🕐 2013.06.19

😊 3岁3月

　　晚上在转台，有两个哥哥骑车玩，大哥哥带着小哥哥。我也想让大哥哥带我坐在车后面，可是当我跑过去，大哥哥一把推开我说，我不认识你。其中一个小哥哥从花坛里往上爬，我连忙伸手去拉，但是他不要我拉，我也不气馁，一直努力和他们玩。

🕐 2014.12.22

😊 4岁9月

　　下午爸爸带我一起去买菜。回来的路上，我的塑料积木散落在地，我坚持要拼好再回家。爸爸说天太冷了，让我回家再拼，我不肯，结果拼了半小时，爸爸一直陪我在风中。最后我坚持拼了一个新造型才回来。

执着和耐心有联系，也有区别。联系在于耐心是执着的基础，没有耐心，很难谈得上执着，执着是耐心的延展；区别在于耐心多以当下来衡量，执着则是着眼于长时空的维度。

据报道，2013年世界数学界最高期刊《数学年刊》发表华人数学家张益唐先生的《素数间的有界距离》。《数学年刊》审稿周期1到2年，但是此次审稿仅仅三周，审稿人、数论界顶级专家伊万尼克罕见地公开自己审稿人身份，高调宣布"这是一个有历史性突破的重要工作"，"论文将引发持续性的优化和雪崩式的改进"。

张益唐学术研究历经坎坷，其在美国先后送快递，端盘子，在汽车旅馆做小工，赛百味做收银员，后来在朋友帮助下，于新罕布什尔大学谋得临时讲师的职位，好几年才转正。但是，为了心爱的数学，张益唐甘心沉寂30年，最终演绎数学界的传奇。

执着来自示范。和其他意志类似，执着的父母，容易带出执着的孩子。我们认识一对伉俪，爱好长跑，夫妻俩经常参加马拉松。孩子上小学，也养成了长跑的习惯，经常随同父母野外做驴友，一次跑几十公里不成问题，还是个女孩子，我们形容其生命力像一蓬野草。

执着来自兴趣。像上面介绍的，张益唐从小喜欢数学，无论生活多么艰难，对数学的兴趣和执着始终没有改变。爱因斯坦说"我不能容忍这样的科学家，他拿出一块木板来，寻找最薄的地方，然后在容易钻透的地方钻出许多孔"，张益唐本可以研究很多小问题，发表好多文章，为自己赢得名利，但是他没有，他只想让自己的灵魂和最关注的数学问题直接对话。

执着来自信念。执着原为佛教语，有固执、拘泥的贬义，也表示锲而不舍，体现出可贵的信念和情怀。信念是人们内心对某观念深信不疑的状态，"三军可夺帅，匹夫不可夺志"，"志不强者智不达"，信念指导人们的具体实践和行动，是人们精神的根本支撑和寄托。具有坚定信念的人，更可能执着，斗志昂扬，为行动注入不竭的源泉。

我们孩子之所以在科技馆坚持到最后，可能的一个原因是他还比较年幼，容易被外界新奇事物吸引。在这种情况下，父母要尽量尊重孩子的选择，不要轻易地按照自身意志行事。如果父母把自己的价值判断强加给孩子，例如觉得没有什么意思，或者抱得太累，或者"其他孩子都走了"，硬带着孩子离开，粗看没有什么，孩子也未必反抗（或反抗不了），实质上失去了培养孩子执着的好机会。

在孩子遇到挫折时，无关大碍的情况下，父母尽量不表态，不介入，不包办，一定要让孩子自己努力解决问题。那天孩子在户外拼积木，拼了好长时间，天确实冷，风也比较大，孩子爸爸在旁边直跺脚，但是看到孩子那份执着劲头，又不忍心制止他。父母在这种情况下，也要有点韧性和"傻劲"才行。所谓执着就是遇到挫折时能够不轻言放弃，没有挫折就谈不上执着。

自主

　　当时在武汉召开了一个学术讨论会，讨论在高校如何开鲁迅研究课。本来我还只是个助教，尽管年纪也够大了，但还没有资格参加，我的导师王瑶下命令要让我去，我只好去会上作了一个发言。没想到引起强烈反响，当然有一部分人赞同，但更多的是愤怒与嘲笑：钱理群这人太狂妄了，什么"我之鲁迅观"？！他竟敢把自己跟鲁迅并提，居然宣称"既不能仰视鲁迅，也不能俯视鲁迅，要平视鲁迅"！——这个观点在现在看来是常识，但是当时就被认为是对鲁迅研究的"仰视"的既定格局的一个严重挑战，这就难免被视为"狂妄"了。顺便提一句，我这个观点同时又受到一些年轻人的指责：钱理群平视鲁迅不对，就应该俯视鲁迅。这大概也很有象征性：我这个人一辈子就处在年长者和年轻人的质疑中，受到两方面的夹击，这也是我的命运吧。

《我的精神自传》，钱理群著

广西师范大学出版社2007年版

🕐 2014.06.24

😊 4岁3月

　　上周三晚上，爸爸妈妈要去超市买东西。他们要我一起去，我正在玩陀螺，不肯去。爸爸妈妈先是大声诱惑我：我们要走了，再不走就不带你去了。可是我不为所动。爸爸准备硬把我拽出门，我大声哭喊抗议，后来我一个人留在家玩，爸爸妈妈单独出去了，这是我第一次不肯和他们出去。我还对妈妈说，我不遵守你的规则了。

🕐 2015.06.25

😊 5岁3月

　　晚上在转台玩，有个小姐姐带了两只小鸡。小鸡翅膀刚长出来，小姐姐捧在手里，然后一放，小鸡就飞到草丛中。不过我没有兴趣，而是独自玩我的积木赛车。小姐姐很生气，指着我说：想想，快过来！我没有听她的，并且说我才不要玩呢！

自主就是自己做主。培养孩子自主，要尊重孩子的人格和想法。

孩子逐渐长大后，会有自己的想法和主张，而且有时还比较强烈。原先经常无条件按照大人的安排做事，现在突然开始发"拧"，甚至"唱反调"，就像上面记录的那样，会明确表示"我不再遵守你们的规则"。这是一件好事，说明孩子的成长和成熟。

但是，有些父母未能正确认识和对待这一变化。他们认为孩子"不听话""不乖""翅膀长硬了"，对孩子合理的要求视而不见，没有随着孩子的发展而调整教育方法，甚至为了维护自己的权威，打击孩子，引发不必要的冲突。

孩子不是大人的仆从和财产，父母仅仅是孩子某段成长时期的监护人，没有权利打着"爱"的旗号，代替他们做决定，要充分尊重他们的人格和想法。孩子的想法即使幼稚，或者离谱（"谱"往往是大人单方面的标准），也要尊重，如果孩子没有自己的想法，反而是更为糟糕的事情。

有了想法，又打击他们，没有想法，又认为孩子长不大，不成熟，其实根子全在大人，父母需要时时反思。卡里·纪伯伦有段话说得好："你的儿女，其实不是你的儿女。……你可以给予他们的是你的爱，却不是你的想法，因为他们有自己的思想。你可以庇护的是他们的身体，却不是他们的灵魂，因为他们的灵魂属于明天，属于你做梦也无法到达的明天。你可以拼尽全力，变得像他们一样，却不要让他们变得和你一样。因为生命不会后退，也不在过去停留。"

🕐 2014.06.09

😊 4岁2月

　　早晨吃豆沙包，妈妈对姥姥说不烫了，吃吧，我说，别以为它外表不烫，可是里面还是烫的。因为我前几次吃豆沙包，经常发现里面很烫。

🕐 2015.12.21

😊 5岁9月

　　昨天我们去小饭馆吃饭。当时饭馆里人满为患，我说楼上也可以坐，爸爸说楼上不设位置。可是后来我们发现二楼不仅有位置，而且还没有人，爸爸说错怪我了。爸爸听服务员说没有位置，其实服务员说得不对，我说得对。

🕐 2016.02.11

😊 5岁11月

　　我和爸爸研究一把带扳机的枪，以前能联动，现在联动不起来。爸爸说可能没电了，起初我也同意，但是后来我说不对呀，因为上面的闪光灯能亮，说明是有电的。爸爸说闪光灯用电少，联动扳机用电多。后来我们把枪拆开来，发现里面是充电电池。一开始找了半天，也没有找到插口。爸爸不气馁，后来终于找到了，充满电后再装上去，果然扳机能联发了。

　　培养孩子自主，要尊重孩子的经验和逻辑。

　　自主需要一定的经验基础。不要认为孩子小，经验不足，或者经验不对，而忽视孩子的经验本身。例如，每次洗澡时，我们孩子都会说水太烫，而我们自身或者老人往往并不觉得，甚至感觉有点凉。曾经发生老人给孩子洗澡，水温过高，把孩子烫伤的悲剧。不同的人经历和体验不一，孩子自有孩子的经验，且往往更为细微、灵敏。

　　孩子也会有自己的逻辑。大人有时会有思维定势，孩子小，反而没有。孩子在玩的方面，特别会表现出逻辑的清晰和准确，因为他们的世界往往过滤掉其他杂质，比较单纯。孩子对于自己特别在意、特别关注的东西，更有强烈的自主意识和判断。

　　因此，自主性与其说是培养出来的，不如说是发掘出来的，是孩子本来就有，外界不加遮蔽，让其自然显现出来即可。大人很容易自以为是，过分自信和沉醉于自己的老经验、旧想法，而岁月往往无情地证明我们其实南辕北辙，越到老年，这种可能性往往越大，作为父母千万要慎重。

🕐 2013.01.06

😊 2岁9月

爸爸妈妈带我去买冬天的棉鞋。他们先挑了几双，我说夹脚，不要穿。后来我自己看中一双比较宽松的鞋子，穿了很舒服，我说这双鞋不夹脚，就买这双吧！

🕐 2013.09.12

😊 3岁5月

昨天在新城广场，爸爸给我一枚游戏币，让我玩小汽车。我拿着游戏币走了好几个地方，放弃了玩小汽车，也没有打鼓和玩其他游戏，而是选择了投小篮球。

早上爸爸抱我起床，到隔壁房间。爸爸让我喊姥姥早，我说早什么呀，我已经不再是简单服从了。

要认识到孩子是独立个体，从其一出生开始，就是独立的。西方有堕胎权的争议，有些国家禁止堕胎，认为孩子从受精卵开始，就具有基本的人权，大人没有剥夺他们生命的权利，堕胎相当于故意谋杀。中国《民法总则》规定"自然人从出生时起到死亡时止，具有民事权利能力，依法享有民事权利，承担民事义务"，确认权利采用的标准是出生主义。但即使法律规定孩子一出生即具有权利能力，很多家庭并未在心理上认同此点。有的把孩子作为附庸和工具，自己居高临下，有的又把孩子奉为上帝和圣灵，自己卑躬屈膝，都缺乏应有的平等，不平等就无法自主。龙应台女士在《目送》里写道："所谓父女母子一场，只不过意味着，你和他的缘分就是今生今世不断地在目送他的背影渐行渐远。你站立在小路的这一端，看着他逐渐消失在小路转弯的地方，而且，他用背影默默告诉你：不必追。"本质上，孩子与父母是平行线，父母需要调整自身的定位和目光。

要让孩子将来幸福，必须尽早让他自主。幸福不会凭空而降，父母帮孩子创造好一切，让孩子安心享受，只会妨害了孩子，只有孩子参与创造，乃至独立创造，才有长久的幸福。而要创造，必须自主，也只有自主，才谈得上其他很多品质的培养，如从容、豁达、坚韧、勇敢、辩证、尊重、体谅……从自理，到自立，再到自主，这是孩子成长的一条必然逻辑轨迹，帮助孩子实现自主，越早越好。培养自主，要尊重孩子自己的选择和决定。不要认为孩子小，"不由自主"地替他选择。当孩子有了基本的表达能力之后，涉及孩子的事情，就应当充分尊重孩子的意见。平常生活中玩具怎么玩法，衣服选择什么颜色、鞋子想要什么款式，吃饭座位如何安排等，都可以让孩子参与选择和决定，而且即便孩子的选择大人不太能接受，也不要随意否定，因为结果无伤大雅，自主本身更重要。

必要时，可以"帮"孩子选择，但不要"替"孩子选择。"帮"的本质在于辅助，给孩子分析不同选择的利弊，说服孩子接受某种结果，但不是强迫，"替"的本质是包办，剥夺了孩子的成长权利。

自控

1992年春天到来，新的一轮改革开放开始了，遍地是钱，建筑师的好日子到了。就在这个时刻，我选择了退隐，因为我不想做很多东西来祸害这个世界。不幸被我言中，后来的十年里头，有无数的中国建筑师做了大量的东西，在祸害这个国家，他们摧毁了我们的文化，彻底让中国的城市和乡村发生了巨大的面貌的改变。但是我想很少有人想过他们在干吗，他们为什么要这样做，没有人这样子真正地认真地去想。……所以那个十年里头，我只做了一些小工程，改造老建筑。在这个过程当中，我向工匠学习，因为这些东西都是学校里没有教过的。……到后来，到今天为止我做任何东西底气十足，是因为最低的那个底牌我都已经摸过了，我当然有底气。当然人有的时候会有一点恍惚，有时吃饭的时候突然发现，我一个研究生整天跟一群外来务工人员坐在一起吃饭，这个社会阶层是不是混错了？但我学到大量的东西，为我后来1998年再出山，做了充分的准备。……到2000年之后，突然就有人对我做的这种设计有兴趣了，就接二连三地有人开始来找我，而且都说这句话："我们想做一个现代建筑，但是一定要有中国的感觉，而且不是那种表面的，我们反复访问过，也许在中国只有你能做，你是我们的唯一选择。"

《造房子》，王澍著
湖南美术出版社2016年版

🕐 2012.12.14

😊 2岁9月

　　晚上爸爸回来时我正在看电视，姥姥已经做好了饭，让我吃饭，可是我还要看。爸爸趁我上厕所的时候关了电视，我很不高兴地来到客厅，正没处找气发，发现爸爸把桌上两个糕点吃了一个，我就哭了起来，理由是我要两个完整的，一边哭一边从爸爸嘴里往外抠糕点。再过一会儿，我坐在座椅上拍板子，爸爸和姥姥不理我，我哭得更凶了，还一把抓住了爸爸的眼镜，结果爸爸在我屁股上拍了一巴掌，把我从座椅上丢了下去。后来姥姥把我搂在怀里，我又哭了一阵子。等我脾气发过了，爸爸问我吃不吃菜，不吃菜就没有了，我才开始吃菜吃饭，再后来我向爸爸道歉：对不起爸爸，我以后不了！

🕐 2015.05.17

😊 5岁2月

　　爸爸带我陪姥姥去医院看病，我当时正在搭积木。我想搭好再走，爸爸说时间来不及了，要我带到汽车里继续搭。我被爸爸拖出了门，我就哭，一边哭一边抱怨："爸爸不让我搭！"后来在车上我又哭了半天，把姥姥哭得满头是汗。再后来我不哭了，爸爸问我刚才哭闹有没有道理，我说没有道理，我错了。

　　自控，也叫自制，指自觉控制自己的愿望、情绪或行为，既包括克服困难，坚决去执行某些决定，也包括抑制不妥的行动或想法。和自控相对的是任性、放纵，指对自己言行不加约束，放任自流，不计后果。

　　动物也有自控。据报道有一种狐狸，为了捕获野鸭，常常连续几天潜伏在冰天雪地，顽强、耐心而又毫无声息地不断接近目标。当野鸭无意中游走，狐狸会用舌头舔一舔嘴唇，虽然失望但是退回原处继续等候。为了填饱肚子，狐狸可以往返几十次，连续数十天，直到野鸭由于一时疏忽，终于被它逮住为止。动物的自控是在漫长进化过程中逐步形成的一种本能。

　　相比动物，人应当更具有自控力。没有自控力的人，不足以谈人生。据说，古代有个名叫罗纳德三世的贵族，是祖传封地的正统公爵，他弟弟反对他，把他推翻了，但不想背负骂名，便想了个办法，下令把哥哥关进牢房，再命人把牢房的门故意改造得窄一些。罗纳德三世身高体胖，弟弟承诺，只要哥哥能减肥到自己走出牢门，就不仅能获得自由，也能恢复爵位。可惜罗纳德三世无法抵挡弟弟每天送来的美食诱惑，结果不但没有减肥，反而更胖了，以至于自我囚禁到终老。

　　如果说动物的自控来自本能，人的自控除了先天因素外，还伴随着情感、意志、理想、信念等，因此，人的自控更多来自后天的实践和培养。自控的关键不在"控"，而在"自"，仅仅外在的限定，虽然能"控"，但无法长久维持。只有形成内生的信念，才是真正的"自我控制"。那些革命先烈的大无畏行为，无一不是理想和信念支撑的结果。

　　相对于成人，儿童的自控力较差，往往见到喜欢的玩具爱不释手，沉迷好玩的游戏心无旁骛，在电视、Ipad面前目不转睛，这是正常现象，也是人之常情。儿童处在价值观的形成初期，对于是非、轻重、缓急、主次的判断和大人是不一致的，在他们眼里玩具的重要性超过其他，让他们放弃"既得利益"是一件痛苦的事情。因此引发一些"脾气""人来疯"或者任性，不仅是可以理解的，也是可以接受的。相反，孩子从小没有一点脾气，过分乖巧、温顺、听话，倒是非常令人忧虑的。

遇到孩子发脾气、任性，我们的主张，只要不涉及原则性问题，不必立刻强扭过来，可以冷处理，暂时不去管他，想哭就让他哭一阵，想闹就让他闹一阵，事过之后再和他分析道理和表现，指出不妥之处。当然，急起来偶尔拍一两巴掌，也没有大碍。随着孩子心智的发育，知识的积累，认识的提高，道理的领悟，他们会渐渐把控自我。不过，如果遇到原则性问题，例如出现对其他孩子的不恰当攻击，还是必须毫不犹豫地加以制止。

2013.04.03（3岁）

这几天妈妈教我刷牙，我有点会刷了。不过昨天，妈妈回来看到我的两支牙刷头上都是黑黑的，问我怎么回事，我说是给鞋子刷牙刷黑的。

2013.05.08（3岁1月）

不久前露露跟着家里人去加拿大，回来后，爸爸问露露，加拿大有什么好玩的，她说有滑滑梯。爸爸问，是不是国外的滑滑梯比国内的滑得快，她点点头说：是的！

2013.07.04（3岁3月）

昨天我早早起来就要吃奶，我指着袋装奶说，这个不吃，就要过期了。妈妈让我赶紧刷牙，并对我说，这个牙不刷也要过期了！

2013.11.10（3岁7月）

我去新城广场玩，会经过一个玩具毛绒店。我经常把其中一个小猴玩具的裤子扒下来，每经过一次，我就偷偷地扒一次。

🕐 2015.10.18

😊 5岁7月

　　周二，爸爸带回来两块巧克力。我先吃了一块，还有一块我说准备送给武术班的一个小朋友，不过我不知道他叫什么名字。后来我肚子饿了，很想把第二块也吃掉，爸爸建议我忍一忍。周三不训练，遇不到那个小朋友。周四上午，我把巧克力带到幼儿园，下午武术课结束时，我把巧克力送给了那个小朋友。

🕐 2016.06.29

😊 6岁3月

　　上周刘伯伯送我三个包装好的玩具小汽车，我当场拆开了一个。第二天我想拆第二个，打电话问爸爸同不同意，爸爸当时没有回复我。晚上回来，爸爸想看看我究竟有没有忍住，发现我忍住了没有拆开，爸爸表扬了我。

　　上周在外吃饭，我吃了两块冰淇淋，后来回家有些拉肚子。爸爸责怪我吃得太多，我说爸爸你不能怪我，因为你不知道当时的情况。当时我只是站在冰淇淋那里盯着看，是一位叔叔主动拿冰淇淋给我，不是我自己要拿的。爸爸说即使别人给，也不要乱吃。

孩子有好朋友，愿意与其分享自认为的美味，是很美好的一件事情，尤其珍贵的是，孩子经受住时间的考验，学会控制住了自己的欲望。孩子之所以能够做到，是因为自控力会随年龄增大而增强。

我们讨论后形成共识，任何情况下都要相信孩子，相信孩子的本真和善良，相信孩子的自控与向好，对孩子的成长抱有足够的期待和耐心。父母内心如果有这种强大而恒久的信念，会在日常言行举止中不知不觉流露出来，正面"感染"孩子；父母如果内心有所怀疑，即使不言说，孩子也能感受得到，因为人的外在和内心不可能长期割裂，何况家庭是我们心理上最放松、最不伪饰的地方。

另外，在整理孩子日记中，我们发现孩子的表现经常"反复无常"，有时可能令人非常满意，有时又变得"不可理喻"。我们认为不奇怪，这正是他们在成长，人生还没有定型，在与外界的不断联系和接受反馈中，建构和调适自我。因此，整理日记中，我们发现孩子有些时候非常懂事，例如"自发"坚持把糖留给爸爸，有时候又显得那么稚气和"短视"，例如曾经迫不及待要把积分换成礼物。唯有如此，才越发凸显父母的职责：想方设法让孩子明白，有些义务应当履行，有些欲望需要克制，有些愿望不可满足，有些职责必须担当。

以此观照，我们反对单纯的快乐教育，但也不支持虎爸、狼妈和"吃苦是福"。一方面孩子的学习应当是有苦有乐，苦中有乐，片面强调吃苦和享乐都是不恰当的，另一方面应当帮助孩子树立较为远大的理想和目标，有一点心忧天下的情怀，这才能从根本上帮他们自控，并且更为持久。同时，父母要身体力行，不做口头的巨人、行动的矮子。我们在家，长期坚持阅读，几乎不看电视，生活保持节律，既为自己，也为孩子。

4

见识

当年，普法战争结束后，欧洲出现两部兵书。一部是战胜国法国人约米尼写的，总结了拿破仑战胜的宝贵经验——炮兵战术，在当时的欧洲"洛阳纸贵"。另一部是战败国德国人克劳塞维茨写的《战争论》，这本书没有分析具体的军事技术，而是试图分析战争的本质。由于德国是战败国，该书很长时间内无人问津。然而今天，《战争论》已经成为人类历史上最伟大的军事著作之一，比如"战争是政治的延续"就来自这部书，而约米尼和他的书早已被埋进故纸堆里。

时代在发展，我们的观念也需要跟进。农业社会"一分耕耘一分收获"，工业社会"知识就是力量"，我们生活在知识、技能和经验之中，付出总有回报；进入互联网时代，这些传统正在被快速瓦解，由于知识更新迭代的速度越来越快，知识的获得越来越便捷，越发凸显出"见识（insight）"的重要性。见识与具体的知识、技能和经验有关，但超越它们。可以肯定地说，我们的孩子长大成人，他们现在学习的很多知识都将过时，想要让他们不被时代淘汰，我们应当尽可能给予他们"见识"才行。

"见识"从哪里来？我们的看法，一方面是读万卷书，更重要的是行万里路，并在此过程中培养和保护孩子的观察、比较、联想、探究、尝试等习惯，让他们既见树木，也见森林，既看到现象，也看到本质。

好奇

　　在一定的意义上，孩子都是自发的哲学家。他们当然并不知道什么是哲学，但是，活跃在他们小脑瓜里的许多问题是真正哲学性质的。我相信，就平均水平而言，孩子们对哲学问题的兴趣要远远超过大多数成人。这一方面是因为，从幼儿期到青春期，正是一个人的理性开始觉醒并逐渐走向成熟的时期，好奇心最强烈，求知欲最旺盛。另一方面，展现在他们眼前的是一个全新的世界，在这个阶段内，生命的生长本身就不断带来对人生的新的发现，看世界的心得角度，使他们迷乱和兴奋，也使他们困惑和思考。哲学原是对世界和人生的真相之探究，童年和青少年时期恰是发生这种探究的最佳机会。

　　然而，在多数人身上，随着年龄和阅历增长，曾经有过的那种自发的哲学兴趣似乎完全消失了，岁月把一个个小哲学家改造成了大俗人。之所以发生这种情况，孩子周围的大人——包括家长和老师——要负相当的责任。

《周国平论教育》，周国平著
华东师范大学出版社2009年版

🕐 2014.11.11

😊 4岁7月

　　昨天在翻地图的时候，我看到中国旁边就是日本。爸爸说中间隔着太平洋，我马上问，那么我们班的同学川川去日本游玩，隔着大海，又没有桥，他是怎么过去的呢？爸爸让我自己想，我说我知道了，他们是开轮船过去的。爸爸说开轮船太慢了，我说那是坐摩托艇过去的。爸爸问我还可以怎么过去，我说还可以坐飞机过去。

🕐 2015.08.27

😊 5岁5月

　　在万年寺拜佛，导游说不要踩在寺庙的门槛上，因为门槛代表菩萨的肩膀。我问妈妈，为什么门槛代表菩萨的肩膀呢？

面对孩子的各类提问，激发其主动探究的一个有效方法是"延迟回答"，即让孩子自己先思考各种可能的答案，哪怕孩子的答案比较"离谱"，也不要笑话和否定他。在延迟过程中，不妨多问孩子几个"如果""为什么"，引导孩子多方面思考。

　　有些问题看上去"简单"，其实要准确回答并不容易，例如上面拜佛的问题。这些年我们先后带孩子到周边的泰山、齐云山、九华山游玩，泰山有岱庙，九华山是"四大佛教名山"之一，齐云山是著名的道教名山。但是说实话，我们也不太清楚宗教背后的教义，更难以向孩子解释"门槛代表什么"、跨庙门为啥"男左女右"等。很多大人也如我们一样，只是懵懵懂懂地听导游不乏庸俗的解说。如果真的下功夫研究一番，也是一件很有趣的事情。由此可见，不能小看孩子的"好奇"，不能忽视孩子的"问题"。

🕐 2013.05.02

😊 3岁1月

我用手抹桌子上的水，爸爸怪我，我对爸爸说，快看，桌子上有彩虹！爸爸用抹布抹干桌面，我说，爸爸，你把彩虹弄没有了。

🕐 2014.01.27

😊 3岁10月

我指着一个平头螺丝问爸爸：爸爸，你看这个螺丝底下为什么不是尖的，其他螺丝底下为什么是尖的？

🕐 2014.12.08

😊 4岁8月

上周六，顾阿姨送我一盒瑞士巧克力，我一大早就起来研究上面的标记。我找来张阿姨送给我的《人文地图》，一下就找到了瑞士的国徽，和巧克力图案对照发现一模一样，说明果然是瑞士产的巧克力。

　　无论是爱迪生，还是达·芬奇，无论是科学家，还是艺术家，无数的创造，起源于好奇，无穷的智慧，也发端于好奇。好奇是孩子的天性，好奇心是孩子拥有的最宝贵的财富。因为好奇，孩子才可能去深入观察、不懈探究、执着行动；因为好奇，孩子才主动去理解世界、理解社会、理解他人。每个父母，都应当认真、谨慎对待孩子的好奇。没有孩子愚蠢的提问，只有大人愚蠢的回答。父母应当多鼓励孩子做他们感兴趣的事情，而不必太在乎一时的成败，应当多用赞赏的眼光去看待孩子的"多动""莽撞""坐不住"，不要过早、过度约束孩子的思想和行动，保持他们原生态的闯劲和傻劲，培育他们探知的乐趣和挑战的习惯。

　　每个孩子心中都潜藏着"十万个为什么"，我们的孩子也不例外。平常陪伴他的时候，总听他问东问西。有一次孩子骑三轮车，突然问爸爸，他脚踩的是前轮，为什么后面的轮子也跟着转动？又有一次问爸爸，电梯里八楼的标识是8，而过道墙壁上为什么写08？再大一些问爸爸，直升机除了能够直升上去，为什么还能向前飞？大多数情况下，爸爸会耐心地解释给他听，有些问题一时解释不了，或者他理解不了，会建议他长大以后自己研究。当然，偶尔情况下，也可能无意中破坏了他心中美好的图画，比如日记中提到的彩虹。

　　我们觉得，孩子有问题不是坏事，不提问题，或者提不出问题，才是最大的问题。父母遇到孩子提问，一是不要怕麻烦，如果能够当场回答的尽量当场回答，好在现在网络发达，不知道的可以随时找互联网帮忙。如果不能当场回答，或者父母也不理解互联网的答案，可以先充分肯定孩子问问题的主动性、积极性，再告诉他长大以后慢慢研究。二是不要轻易下结论，认为孩子的问题太"低级"。孩子的有些问题大人看起来可能"幼稚"，但是在孩子的世界，很可能既不"低级"，也不"幼稚"，大人不能用自己的经验去做判断。人的所谓"成长""成熟",正是从"幼稚"一步一步过来的,有时我们自以为超越了"幼稚",实际上是丧失了纯真。

观察

　　野史说，有一天，朝廷降旨，命曾氏次日中午在养性殿等候召见。第二天上午，曾氏在养性殿端坐一个多时辰，不见有人来招呼。正在纳闷时，走来一个内官告诉他，明天上午在养心殿召见。曾氏对此事颇觉奇怪，左思右想，不得其解，便去请教他的座师、大学士穆彰阿。穆彰阿说，这件事过去从未有过，或许有别的用意在其间。穆彰阿思索良久后，终于明白了皇上的用意，当即封了三百两银子，叫人立刻送到养性殿管殿太监的手里，请这个太监将殿内四壁所悬挂的字画全部抄录下来，并赶紧送到穆府。傍晚时分，抄录件送到。穆彰阿对一直待在府里的门生说："养性殿是收藏字画的宫殿，从来不是皇上召见臣工之处。皇上叫你在那里等候，很可能是在考你的观察力和记忆力。你连夜把这些东西背熟，或许明天会起作用。"第二天皇上召见曾氏时，果然问起昨日在养性殿里见到的字画情况。曾氏因已背熟，故应答如流。皇上对他的观察力、记忆力甚为满意，决定越级提拔，予以重用。

《唐浩明评点曾国藩家书》，唐浩明著

华夏出版社2009年版

🕐 2012.11.10

😊 2岁7月

　　今天爸爸妈妈带我第一次去江苏科技馆，首先去看机器人表演，然后去看宇宙飞船模型升空表演，再后来爸爸带我去玩热气球、哈哈镜、万有引力、椎体上滚、发电机、人体静电发电，还有无皮鼓、辉光球等，真好玩。

🕐 2015.08.10

😊 5岁4月

　　昨天下午我们冒雨去明孝陵玩。经过庙门时，爸爸带我认识庙门旁边的门栓。

🕐 2016.01.17

😊 5岁10月

　　我告诉爸爸，有三点表示"小辣江湖"饭馆的菜有点辣。一是门口挂着红灯笼；二是饭店里面的装修、楼梯都是大红颜色；三是名字招牌中有一个"辣"字。爸爸夸我有条理，会概括。不过他说红灯笼不一定表示辣，可能表示喜庆。

第一次世界大战期间，曾经发生过一个有关"观察"的经典案例。

当时法国和德国作战，法军一个司令部在前线构筑了地下指挥所，人员深居简出，十分隐蔽。可是德军观察员通过望远镜发现，每天早上都有一只猫在法军阵地某处建筑物上晒太阳。他们仔细研判得知，这是一只名贵的波斯猫，品种不凡。在炮火纷飞中有条件携带这样猫的，绝不会是普通军官，而且猫的活动很有规律，说明附近很可能有高级指挥所。于是德军集中炮火对该处进行狂轰滥炸，结果法军指挥部瞬间被摧毁。

罗丹说，这个世界不缺少美，但是缺少发现美的眼睛。"昆虫界的荷马"、法国的法布尔，成年累月观察昆虫，达到如痴如醉的地步。他研究土蜂用了2年，研究一种蓝黑色的甲虫地胆花了25年，研究遂蜂前后长达30年，研究蜣螂用了40年。法布尔有一天趴在地上，用放大镜观察蚂蚁搬死苍蝇，一连看了三四个小时，招引了大批人围观，他竟全然不知。还有一次法布尔爬上果树观看蜣螂入了迷，直到树下有人叫"抓小偷"，他才如梦方醒。

培养孩子观察力，可以多带孩子去科技馆、动物园。孩子天性好奇，科技馆有很多奥秘，集中了声、光、电等各种设施，有不少贴近生活，对孩子有极大的吸引力。动物园也值得带孩子经常去看看。孩子对动物天生亲近，动物园集中了很多野生动物，以及不同环境下的动物，日常生活中孩子难以观察到，或者仅仅是在电视里看过。实地带他们观察，效果很不一样。

平时还要有意识地引导孩子观察生活。遇到特殊的事物，父母要留心。例如门栓，过去农村宅院很常见，但是现在不要说城市，就是农村的孩子也很难理解，因为门的构造变化了。生活中不妨做个有心人，看到新奇独特的东西，让孩子多摸一摸、想一想、猜一猜、说一说。

🕐 2013.10.30

😊 3岁7月

在马路上走，我对爸爸说，马路上还有丝瓜呢，爸爸说我撒谎，马路上哪会有丝瓜呢? 等走到路口，我指着路边架子说: 爸爸，你看! 爸爸果然看见上面有好几条丝瓜。

🕐 2014.11.11

😊 4岁7月

昨天张阿姨送我一本人文地图，我发现澳大利亚的地图就像倒过来的中国地图。爸爸表扬了我，说他长这么大都没有发现。

🕐 2015.09.16

😊 5岁6月

我在乡下看见很多城里看不到的东西，爸爸带我辨别花生和毛豆叶子。我看见鱼在水面上呼吸，因为要下雨了。下雨时，我还看见雨点打在河面上，泛起一个小圈一个小圈的涟漪，然后又扩散开来。晚上我竟然还看见一只萤火虫在草丛中一闪一闪地发光。

　　不要轻易否定孩子的某些结论，孩子的心很大，也很细，他们经常能看到大人看不到的东西。父母因为现实生活的压力，行为习惯的固化，对身边的事物经常熟视无睹，充耳不闻，但是孩子不同。在散步、坐车、闲逛的时候，父母要有意识地鼓励和引导孩子有序观察。

　　同时，不要仅仅停留在表象层面，观察之后要引导孩子猜测、联想、推理、探究。观察不是终极目标，而是为了掌握原理，理解世界，发现问题并自己解决问题，通达人情世故。父母可以和孩子一起，多进行观察和推理的游戏，也可以多问问孩子为什么，了解他们背后思考的过程和推理的逻辑。

　　带孩子常看地图是个好习惯。地图既是实体的世界，更是想象的天地。在地图面前，能激起孩子极大的探索欲望。地图有多种，地理地图、历史地图、人文地图，都可以带孩子看看，通过地图能串联起孩子零散的认知，构建起知识的体系。通过观察地图还可以比较各国山川、河流、高原、盆地、峡谷等情况，以及物产、气候、位置等区别。

　　带孩子去实验室是培养观察的好办法。在显微镜下，孩子能看到一个完全不同的世界，周边最常见的物体，在显微镜下都变了样。这是在告诉孩子，观察的角度不同，看到的世界就不同。

　　带孩子下乡也是观察的好契机。人类来自农村，但是也在逐渐远离农村，尤其是城里孩子。如果有机会，带他们在农村生活一段时间，会很有好处。城市是立体的世界，长期生活，人会感觉逼仄、压抑；乡下是平面的世界，田地辽阔，视野开阔，能让人心胸舒张旷达。多带孩子仰望星空，观察大自然，能够润泽孩子的生命，提供创造的源泉。

2014.02.24（3岁11月）

我问妈妈，我们什么时候搬家呀，芒果已经搬家了，搬到大房子里了。妈妈说我们没有钱，买大房子的钱给我买玩具了，如果我们要搬家住大房子，就不能买玩具了。我想一想说，那我们还是不搬家了吧！

2014.04.16（4岁1月）

我现在吻爸爸，有十个位置。先在左右脸上各吻一下，然后在下巴、嘴、鼻子和额头各吻一下，最后再转到脖子后面左右上下各吻一下，一共十下。

2014.04.24（4岁1月）

在宾馆，我找到一个鞋拔子。我拿着对爸爸说：爸爸，你看，有了这个你就可以打我屁股了。

2014.06.15（4岁3月）

前几天，妈妈给我报机器人兴趣班。我带回来一套器材，还告诉爸爸：这里面有CPU。前天晚上我去超市配电池，我告诉阿姨：我要买4节5号电池，CPU的，阿姨告诉我，没有CPU的，只有南孚的！

比较

　　《史记》老庄申韩同传。把老子韩非放在一起还好说，因为它们都是社会政治哲学，并在讲阴谋权术上有承接处。把庄子搁在中间，则似乎总有点别扭。……但《史记》把庄子放在老、韩一起，又有其充分理由。《庄子》中有许多关于社会政治的愤激之言。在这方面，庄与老确又是一脉相承的：毁仁义，抨儒墨，主张"绝圣弃知"，返乎原始，"要本归于老子之言"。因之，在以政治哲学为头等主题，真正思辨和情感的形而上学尚未流行的秦汉时代，司马迁把庄子与老、韩放在一起，并只举庄子外杂篇如《渔父》、《盗跖》、《胠箧》作为代表而不及庄之为庄的内篇，也就是完全可以理解的了。

　　但是，后世士大夫知识分子却多半喜欢它的《内篇》。《庄子》内篇中的思想对后来中国佛教禅宗的产生有关系，它在中国文艺发展上更产生了重要的影响，今日国外也有学人比庄子于存在主义。所有这些都说明，庄之为庄确有其与其他哲学相区别的深刻特色，不同于儒墨老韩的社会政治哲学，不同于秦汉的宇宙论哲学。以庄、禅为代表，追求理想人格和人生境界的本体论哲学，构成了中国思想发展中的另一个重要方面。

《中国古代思想史论》，李泽厚著

安徽文艺出版社1994年版

🕐 2013.06.09

😊 3岁2月

　　今天早上我起床到姥姥那儿，对她说我手上两个玩具车的区别：一个是四个轮子，一个是六个轮子；一个是绿色，一个蓝色；一个是玩具卡车，一个是小火车。爸爸说我说得很清楚。

🕐 2014.06.15

😊 4岁3月

　　前天妈妈带我上街，看到一辆车，不知道是摩托车，还是电动车，我说是电动车。妈妈问我为什么，我说摩托车后面有排气管，电动车没有排气管。

🕐 2015.07.24

😊 5岁4月

　　昨天上学路上，爸爸给我念儿歌"考试别把鸭蛋抱回家"。以前爸爸问我，能不能把鸡蛋抱回家，我说可以，因为鸡蛋好吃。昨天我说不行，因为鸡蛋、鸭蛋、鹅蛋，都是圆的，都是零的样子，抱回来就表示考了0分。爸爸问我能不能把油条抱回家，我说可以，因为油条像1，表示考试考了第一名。

黑格尔认为，人类最基本的思维是同异比较思维。世界一切都可以比较，且通过比较都可以找到共同点和不同点，比较是提高见识的重要方法之一。多年前，读李泽厚先生《美的历程》，惊叹于他关于"庄玄禅、孙老韩"不同学派之间的异同探究。学问之根本和魅力，很大程度在于发现别人未能发现的世界，其思维方法又很大程度依赖于比较，尤其人文学科，比较的能力决定学术的水平。

在如何培养孩子见识方面，有个可行的办法，就是让孩子运用比较思维找异同。如爸爸和妈妈有什么相同和不同，孩子自己和其他小伙伴有什么相同，有什么不同，乃至任何看上去毫不"搭界"的两件事物，都可以比较相同和不同。

要比较首先要学会概括，让孩子多学习比较，可以更好地概括事物的特征，掌握事物的本质属性。比较还有利于培养孩子深入、细致分析的习惯，不深入分析，就难以找到相同点，区分不同点。比较也有利于培养孩子辩证思维，看到所有事物都有长处和短处，优势和劣势，先进和不足。

由事物也可迁移到人与人，以及人自身发展的比较，让孩子寻找人与人的相同点和不同点，自己成长的进步和欠缺，明确奋斗的目标和方向。不过，在涉及人的比较时，要克服攀比心理。攀比是不顾自身的客观条件、实际情况，盲目地追求高标准。虽然也有正向攀比，但是大多数是负面攀比，在落差较大时会产生心理和认识偏差，甚至导致极端的心理障碍和行为，思维陷入死角。

🕐 <u>2015.11.29</u>

😊 <u>5岁8月</u>

早晨喝牛奶，我喜欢用吸管往里面吹泡泡，然后我再把泡泡吃掉。我吹起很多泡泡时，爸爸问看上去像什么，我说好像那次在乐山看到大佛头上一圈一圈的疤（发髻）。

🕐 <u>2016.04.05</u>

😊 <u>6岁</u>

这几天幼儿园布置作业，让爸妈夸一夸自己的孩子，妈妈写道：小想想，好宝宝；讲文明，懂礼貌；爱劳动，不哭闹；勤锻炼，身体好；乐学习，趁年少；求上进，不骄傲；学科学，爱思考；有方法，理想高；踏实地，无烦恼；会说话，多欢笑。

幼儿园也让我们夸一夸爸爸妈妈，我先和爸爸总结了妈妈十个好：一是热情，二是大气，三是每天辅导我练钢琴，四是耐心给我讲故事，五是陪我练武术，六是给我买玩具，七是帮助幼儿园做义工，八是热心联系其他家庭，组织各种活动，九是外出负责开车，不怕辛苦，十是耐心辅导我做作业。

我又夸爸爸五个好：一是勤劳，二是爱动手，经常帮我修玩具，三是辅导我学习英语，四是手巧，手工做得好，五是做事有耐心，不急不躁。另外，我还觉得爸爸说话算数。

比较能提高概括能力。比较，必然要对事物之间最本质、最突出的特征进行归纳和概括，而舍弃不必要的枝枝节节。能比较，首先要能概括，孩子需要从纷繁复杂的万象之中抽取本质的特征。比较也能促进想象力。例如看到泡泡想起大佛头上的发髻，形象生动，非常有趣。这也提示我们，平时要多带孩子走一走，孩子思维才能得到发散，建立更加广泛的联系。

　　让孩子比较父母、身边亲人以及自己和他们的异同，有三个好处，一是增进感情。"物以类聚，人以群分"，大多数人对于和自己喜好比较相近的会更有好感。孩子是父母感情的结晶，通常会传承父母的脾气、性格、喜好，孩子比较出相同点，无形中会更加爱父母、爱亲人。二是促进反思。通过比较，能知道自身的优点，更加乐观、阳光、自信，也有利于反省自身不足，更加客观、平和、坦然，并在反省中提升自我。三是体谅他人。要比较，就要从多个角度看问题，在比较中，孩子可以更加深入了解父母平时的辛劳，为了家庭和自己的付出，理解和体谅他人的不容易，更加体贴、懂事。

2014.07.07（4岁3月）

上周在转台上玩的时候，我遇到一个小姐姐。她说她叫珊珊，住在鸡鸣寺。她让我坐在她的自行车后面，然后带着我在转台上飞快地骑来骑去，怕我掉下来，让我抱紧她的腰，怕我被蚊子咬，还拿出花露水在我胳膊上喷了几下。

2014.10.08（4岁6月）

国庆节回老家，去姑姥姥那儿喝喜酒。姑姥姥家门口是遥望港，不时有大船开过，还有白鹭飞过。我在门前地里还看见一些蚂蚁洞，好多蚂蚁在进进出出运东西。后来我悄悄地把蚂蚁洞口堵了起来，那些蚂蚁找不到洞口，急得乱转。我还在地里捉小动物，捉到好几只蚱蜢，有的是绿色的，有的是灰色的，还捉到一只螳螂。我把它们都装在一个瓶子里带回了南京。我对爸爸说，这些都是我的小宠物。

2014.10.21（4岁7月）

在上周五，妈妈告诉爸爸，我偷偷把计时器藏在一堆玩具之中。因为每天吃饭做事，妈妈都用计时器给我计算时间，我不想计时。结果妈妈发现计时器没有了，就问，计时器哪里去了，是谁藏起来了？我连忙跑到玩具堆边看一看在不在，哪知道被妈妈识破了，她从玩具堆里又找了出来。

尝试

从那天开始，他们成立了一个班子：傅益瑶民间祭创作小组。计划画十二个民间祭，三十六幅作品，尺寸最大为四尺整纸，画完后结集成书出版，并开展览会。……这一看不要紧，立刻就傻眼了，那么多人，那么多事，人头攒动，从哪里画起啊？我当时就觉得快失去信心了。晚上回去后我真是痛苦极了。……接受任务已经半年了，既没有前例可循，又没有能讨教的导师，心里有讲不出来的一种恐惧、悲哀和惊慌。什么时候能够有结果呀？恰好董希文的儿子董沙贝来看我，跟他在茶馆里喝茶，我讲着讲着就哭起来了，有种拿起笔来就害怕的心惊肉跳的感觉，不知道该怎么办才好。他说，要有平常心，平常心……我一下子醒悟过来，日本人参与民间祭，是与神交往的一种形式，我画民间祭同样也是与神交往，与自己心灵对话，只不过是用艺术的形式罢了，不能太功利。就像踩水一样，且不管最后结果如何，但要慢慢踩下去。画画也是如此，先不管好坏，画下去，走了第一步，就会走第二步，慢慢整理，慢慢熬出来；每一次这样整理，心灵和笔下就会变得圆通起来。

《我的东瀛岁月》，傅益瑶著

上海辞书出版社2006年版

2013.02.09

2岁10月

　　今天在家里我和爸爸发明了好几种打篮球的方法。起先是爸爸坐在椅子上，双手搂在胸前做篮筐，我每投中一个，他用手再重新摆放一次，这样百发百中，我真高兴。后来，我们又把两个椅子并在一起，中间空余点地方，用绳子在椅背上围成四方形，我们把篮球投到四方形里。再后来我们把四张椅子放在一起，中间围出一个大空当，这样"篮筐"更大，投篮更方便，我们就这样玩了半天。

2014.12.29

4岁9月

　　上周四，妈妈又给我买了一个新陀螺，是大陀螺里面包着一个小陀螺。大陀螺边缘一受到碰撞，就会弹出小陀螺，但是不碰撞就弹不出来。我琢磨了好一阵子，终于想出了办法。我旋转陀螺时，有意选择靠近桌子或者柜子的边缘，这样陀螺就比较容易碰到障碍，也就容易弹开。我高兴地告诉了爸爸这一方法，后来爸爸也学会了。

孩子人生要精彩，需要各种体验和尝试。正如不入水不会游泳一样，只有在不断尝试中，孩子才能品味成功与失败，只有养成尝试的习惯，才能了解更多的新事物，掌握更多的新知识，人生迈向更广阔的天地。如果孩子被包办过多，或者大人因为担心而总是限制孩子，时间长了，孩子或者是失去好奇心，缺乏求知的动力，或者是丧失自信，遇事犹豫不决，自卑胆怯。

孩子童年的一项重要任务是在玩耍中尝试。如果孩子童年时代没有经历充分的玩耍，其心智发育、人格塑造、创新培养都可能受到极大的限制（天才少年另当别论），等到成年后再去弥补玩耍的缺课，有时代价就太大了。童年时期怎样玩出趣味、玩出花样、玩出巧妙，里面大有讲究。我们觉得应当充分尊重孩子的发明创造，引导鼓励孩子"胡思乱想"，包容孩子特殊情况下的"胡作非为"。

上世纪七八十年代，玩具非常贫乏，很多时候只能自力更生。那时的孩子跳皮筋、丢沙包、跳格子、捉迷藏、过家家、玩火柴盒、打玻璃球，以及蹲在地上看蚂蚁搬家，追在别人后面踩影子，对着电扇大喊听颤音，挤压包装纸上气泡听破裂声，下雨时飞快转动伞柄看水珠四溅，屏住呼吸比谁憋气时间长，用吸管往水里吹气听咕嘟咕嘟声，把手指按在蜡烛油里取指纹，把内眼皮翻到外面来吓唬同伴，或者用芦苇戳在地上，中间拉根皮筋练习跳高，用砖块、锯条磨制驳壳枪，用芦苇叶片制作风车……人生的乐趣大半在这些发明创造之中，孩子的天性也得到充分舒展。

现在大中城市的孩子，现成的玩具琳琅满目，而且有的非常高级，声光电气，自动遥控，应有尽有，但是，我们依然鼓动孩子自己创造"玩"的办法，不仅仅是避免乱花钱，也是乐趣和玩耍的本质所在。只有自己创造创新，才可能个性独特，才可能回味悠长，才可能玩出新的收获。

🕐 2015.03.31

😊 5岁

　　我对妈妈说，我们可以做酒酿汤圆，就是在汤圆里面加入一些街上买来的酒酿。不过后来我尝试了一下，发现太酸了，不好吃，这个试验不成功。

🕐 2016.01.25

😊 5岁10月

　　今天早晨上班，助力车的车锁冻住了。爸爸连忙让我把随身带的热水取出来，往锁孔里灌了一些，冰融化以后锁就开了。我夸爸爸有办法，爸爸说，这是生活经验，要善于动脑筋。

🕐 2016.09.02

😊 6岁5月

　　在医院自动售货机前，我拉着爸爸准备买一个15元的玩具。那里站着一位奶奶和她的孙子，正在抱怨刚投入10元，玩具却老半天不出来，打了投诉电话，半小时也没有人来。爸爸一听，就说售货机坏了，拉着我准备走。我不肯走，恋恋不舍盯着那个玩具。爸爸说，那我们试一次吧，但要做好"竹篮打水一场空"的心理准备，我说好的。后来我们投进去钱，结果玩具竟然很快出来了，我高兴得大叫，我们成功啦！

怎样鼓励孩子尝试？我们的主张：

一是不要害怕失败。尝试总会有失败，失败的原因很多，并不代表孩子真的"不行"，即使"不行"也只是某一次而已。遇到失败，父母不要轻易阻止孩子尝试，或者轻易否定孩子的付出，应当鼓励孩子继续努力，培植孩子的信心。

二是适当帮助孩子。父母应当帮孩子判断尝试的难度，难度较大时，可以适当指导孩子怎样做，但是关键环节尽量让孩子自己完成。也可以"隐身幕后"助孩子一臂之力，让孩子体验成功的快乐，为下一次尝试积累勇气。

三是及时表扬孩子。只要孩子愿意尝试就是进步，父母首先应当予以肯定，鼓励孩子放开手脚。结果是否完美是另一回事，对完美的要求可以逐步提高，关注结果更关注过程，最初的尝试不要太在意结果。

四是不要盲目冒险。尝试并非无止境和无禁区。孩子因为生活经验不足，有些危险游戏和行为，要教导他们适当辨别，例如涉及水、电、气的情况，不能盲目尝试，以免发生意外。

另外，想尝试成功，应善于观察。平时需有意识地引导孩子做生活的有心人。想尝试成功，需积累经验。热水灌锁是孩子爸爸的急中生智，这种示范有助于启发孩子注意积累生活经验。想尝试成功，要热爱生活。只有对生活充满热爱的人，才更愿意不循常规、另辟蹊径。

尝试不要怕失败。爱迪生寻找合适的灯丝材料时，前后失败了1200多次，别人谈起来，他却说，我成功地发现有1200多种材料不适合做灯丝。这个世界所有伟大的创造，都是尝试出来的。

孩子发现自己做的酒酿汤圆不好吃，可是市面上卖的却很可口，说明即使思路对，方法不对，效果也可能不好。这谈不上失败，就尝试本身而言仍是成功，同时说明尝试既需要鼓足勇气，也需要方法科学。

自动售货的尝试，孩子爸爸本来是想阻止孩子的。可是转念一想，也就15元，即使丢了也谈不上多大的损失，何不让孩子试一试。结果不仅皆大欢喜，而且让孩子明白了"小马过河"的道理。任何时候，要保护尝试的勇气，不要轻言放弃，父母的教育理念和行为，也需时时斟酌。

辩证

　　教育小孩，到底要不要打？说要，是不懂《易经》的人，说不要，也是不懂《易经》的人。《易经》没有要跟不要，所以学了《易经》以后，你就不要问这些问题，人家问你这些问题，你就不要回答，真的要回答就一句话：打不打不重要，怎么打才重要。《易经》是专门研究怎么打的，打得合理就打，打得不合理就不打。教育孩子宁可严，因为严了要放松很容易，但松了要紧那是非常困难的事情。如果衣服总是穿得宽宽松松，要打领带就很别扭；如果天天打领带，偶尔一天不打，就会觉得很舒服。

《易经的奥秘》，曾仕强著

陕西师范大学出版社2009年版

🕐 <u>2014.10.08</u>

😊 <u>4岁6月</u>

　　在徽杭古道返回的路上，爸爸说有人把垃圾乱扔在垃圾箱旁边，太不应该了，我说不是的，可能是他们想扔进去，却没有扔准，或者后来被风吹出来了。妈妈说我能理解他人。

🕐 <u>2015.03.10</u>

😊 <u>4岁11月</u>

　　我在武术训练结束时，有点闷闷不乐。爸爸问我为什么，我说因为老师批评我偷懒，可是我觉得我没有偷懒。第二天，我训练结束时，又一个人闷闷不乐地趴在地毯上。爸爸说刚才听到老师表扬我练得好，为什么还不高兴呢，我说刚才练习时，我有些动作做得不好，可是老师没有看见，所以我觉得老师表扬得不对。

🕐 <u>2015.03.31</u>

😊 <u>5岁</u>

　　我们一家到无锡荡口古镇去玩。晚上在古镇散步时，我吵着要买恐龙玩具。我劝爸爸，别人卖了玩具，才有钱买饭吃，如果我们不买玩具，那些卖玩具的不就没有钱吃饭了吗，爸爸说我蛮会动小脑筋的。

　　生活充满了辩证法。《老子》说"祸兮福所倚，福兮祸所伏"，成语"塞翁失马，焉知非福""尺有所短，寸有所长""有利有弊""有得有失""吃一堑长一智"，都说明了世间一切事物既互相联系又互相区别，既互相对立又互相统一，既互相斗争又互相依存，只有辩证地看待这些关系，才能更好地认识世界、把握本质、解决问题。

　　有些人遇到问题常抱怨别人，网络上有不少口水战，充满情绪化的表达，缺乏平和与客观，大多是欠缺辩证的结果。掌握辩证法，能让我们全面、客观、公允地看问题、想事情，不那么极端化，不总是先入为主。就像垃圾跑到桶外，如果没有亲眼看到别人"故意"乱扔，随意指责是不公正的。可贵的是孩子能够看到这一点，没有随波逐流，墙倒众人推。

　　在对待老师的表扬和批评方面，孩子有自己的视角和理解。一方面要善于发现孩子情绪的波动，不让心事闷在心里，另一方面要帮助孩子正确分析表扬和批评，逐渐做到胜不骄败不馁，宠辱不惊，既不妄自菲薄，也不妄自尊大。说实话，外界的表扬和批评，未必完全公允，可以作为人生参考，而不应当奉为圭臬。

　　孩子关于玩具的一番道理，不能说全无是处。也说明孩子在开动脑筋，即使显得有点"强词夺理"。其实孩子愿意"夺理"是积极表现，比一味顺从要可贵得多。父母要心情愉快地接受孩子的"反驳"，而不能认为是对自己的冒犯，更不应当以势压人。

🕐 **2015.11.11**

😊 **5岁7月**

　　前几天冉冉绊倒了，他说是我绊的，其实不是我绊的，是他跟我太紧，自己踩了我的脚才绊倒的。我后来告诉了爸爸和妈妈，并且说实习老师也证明不是我绊倒的。妈妈说那是个小问题，算了。我说不是小问题，因为小问题只要随便涂一点药膏就行，那次是送到医务室去了。我感觉是个大问题，所以才送到医务室的。

🕐 **2016.04.01**

😊 **6岁**

　　妈妈问我，爸爸记性不好，要不要换一个爸爸？我说，爸爸虽然记性不好，但是爸爸也有优点，爸爸很勤劳，所以我不换爸爸。

🕐 **2016.08.05**

😊 **6岁4月**

　　我做作业时，给沙子涂颜色。我准备涂黄色，后来又加了一些红色。爸爸问我有没有绿色的沙子，我说没有。后来爸爸带我读英语百科全书，里面提到有绿色的沙滩。爸爸说，世界之大，无奇不有，不要轻易做出否定的结论。

　　孩子是否需要懂点辩证法？我们的意见是肯定的。孩子认识缺乏辩证法，思维容易单线条，看问题容易简单化、情绪化，甚至极端化、钻牛角尖，不仅妨碍学习的深入，也妨碍自我的调节和日常的交往。也许有人会说，孩子太小，辩证法太抽象，难以理解和接受，其实大道至简，一方面，辩证法未必都要搞得很玄乎、很抽象，另一方面，很多道理可以深入浅出地给孩子讲解，种子撒播下去，适当时候才可能发芽，不播种绝不会有收获。

　　日常生活中有很多相对的概念范畴，都是孩子能够初步理解的，如好与坏、对与错、多与少、大与小、成功和失败、先进和落后、聪明和愚蠢、优点和缺点、严重和轻微、正义与非正义，这些范畴里都潜藏着辩证法。5岁的孩子觉得送医务室不是小问题，而是大事故，充分说明他对严重和轻微有了明确判断。6岁的孩子则对好与坏、正义与非正义有了更进一步的认识，也充分说明孩子不仅可以学点辩证法，也应当学点辩证法，不然错过机遇期，对他们的思维提升是很大损失。

　　方法适当，引导科学，把握合理，孩子不仅能够懂辩证法，有时还能纠正大人看问题、想事情的偏差，因为孩子有孩子的立场、角度和观点。大人如果习惯于高高在上，不蹲下身去，则可能错失学习的机会。

　　孩子觉得爸爸好，尽管有缺点，也有优点，说明对人本身有了较为客观的认识。天下事，说有易，说无难，没有见到，不等于不存在，科学研究尤其如此。尽管科学技术日新月异，但是人类的未知世界依然很大，所以平常可以有意识带孩子了解各种奇形怪状、奇花异草、奇谈怪论、奇思异想，防止他们单一性思维。

　　最初学习辩证法，可以从身边的事物开始，再逐渐过渡到对人的行为、品行的评价。不过，评价事物相对容易，评价人较为困难。事物的好坏优劣相对客观，常常能一眼看清，人本身是万物的尺度，涉及人的问题，不要说孩子，就是大人有时也难以说得清楚。

平时我们常就一些名人往事进行讨论。例如徐悲鸿，在与蒋碧薇、孙多慈、廖静文的情感纠缠中，其实有很多的无奈。徐悲鸿从农村出来，身上天然烙刻着乡下人的很多欠缺，不大可能兼顾蒋碧薇的心理需求。这类人奋斗的最好报答就是成功，但是，这些人即使事业上成功，生活中也可能并不那么可爱，需要亲人去理解和包容他们，甚至为他们做出牺牲，这是一种无奈的悖论。

我们希望孩子学点辩证法，掌握方法论，更好地理解和把握人生航向，至于具体路径，他们有他们的选择，父母不必强求。

行旅

扑面而来的，是一座巨大的山峰，几乎占据了画幅的三分之二，如同泰山压顶，又像一堵高墙耸立，让观众不由得怦然心跳、震撼不已。

从画面下方的景象推断，这座山峰与观众有一定距离，它隐约出现在远处，本应该是淡淡的、幽幽的，然后现在抢到了我们面前，让我们根本无法抗拒，难以回避，只能直面它。山峰不仅巨大，而且因为重重叠叠，前前后后有好几层，显得还很厚重。山顶有密林，因为远，看不清楚，所以画了个大概，黑压压一片，更增加了山峰的分量。

山峰右侧有一注飞瀑，最初还流转了几个小弯，然后是一线贯通，奔泻而出，颇有"飞流直下三千尺"的气势，隔着很远仿佛就能听到水流淙淙激荡之声。

下面三分之一的画幅，物象十分丰富，有兀立怪石，遒劲古枝，潺潺溪流，森森庙宇，迷蒙雾气，葱郁树木。在山间小道上，行走着一队商旅，说是一队，只有两个人，一前一后，中间四头骡子，上载货物。相比大山，人和骡都小如蚂蚁。山谷十分幽静，几乎能听到骡蹄触地的嗒嗒声。

《中国古代山水画二十讲》，潘杨华著

齐鲁书社2013年版

● 2015.05.11

😊 5岁1月

　　"五一"节我们一家，还有刘伯伯、倪阿姨到安徽去玩。5月1日下午先到宣城宁国板桥村，在山路上忽然看见有头黑乎乎的动物，比牛小，比羊大，像野驴，又像野马，毛长长的，没等我们看清楚，它一下子就蹿上了旁边的山坡。那山坡的坡度有70度，可是它爬上去毫不费力，几下子就蹿没有了。问村里的人，也不知道什么动物。回来爸爸上网查资料，我们看到的原来是鬣羚，一般生活在海拔1000多米的高山，国家二级保护动物，个头大，野性足，怪不得看上去像驴子呢！

　　5月2日上午出发去朱旺村。路上经过桃岭公路，号称"小西藏"，又叫"幸福路"，是安徽著名的盘山公路。我们在山路上转呀转呀，从山脚一直转到山顶，再转到另一座大山脚下。路上不时有骑自行车的爷爷、伯伯、阿姨经过。在一处观景台，我们停下来，那里可以看见整个盘山公路的样子，非常壮观。我很佩服当年修路的人，非常不容易，也很佩服那些骑自行车的人。前一天晚上，我们就遇到三个人骑自行车从宁国过来，他们说路上一辆自行车爆胎，所以耽误了两个多小时，直到天黑才骑到我们住的宾馆。晚上没有房间，他们就打地铺。第二天一早，我指着客厅对爸爸说，你看，那三辆自行车没有了。爸爸说他们已经上路了，不过那时正下着大雨，我说他们真能吃苦，爸爸说以后也要带我一起骑自行车。

　　从桃岭公路绕到山脚下，有拖拉机在耕地，有农民正准备插秧，远处是青山，近处是绿水、秧田，风景很美。后来到了朱旺村，看村里的"九井十三桥"和"井水不犯河水"。从村口出来，有一条路通向龙潭瀑布。我们步行1公里，到了瀑布附近，看见返回的好几拨儿人，鞋子和裤子都湿透了，说是踏水看瀑布搞湿的。他们告诉我们，从入口到瀑布脚下，有四五百米。因为下雨，路被完全淹没在水下，水里面有很多小碎石子，磨脚，不怎么好走，所以他们就直接穿鞋下水了。我们犹豫了一阵子，最后还是脱鞋下了水。倪阿姨冲在最前面，爸爸背着包，一只手抱着我，跟着冲下了水。妈妈说脚踩在小石子上真疼，爸爸就把两个人的袜子都让她穿了。我们深一脚、浅一脚往瀑布那头靠近，走了半小时，经过五六处深水潭，最深处到大腿，终于走到瀑布脚下。

　　瀑布的水声很大，水流很急。天色不好，看上去还要下雨，我们坐了一会儿，拍了几张照片就返回了。爸爸仍然抱着我，背着包，包里是我们的鞋子，还有照相机。有几次他差点摔到水里，好不容易才站稳了。有些地方不好抱着我走，他就先把我放在凸起的石头或者草丛上，等他挪动好身子，踩稳了，再抱我过去。不过我很想玩水，几次踩到水里，但是发现水太凉了，又急忙抱住爸爸上来了。有一次我的脚在水里刚刚冲干净，爸爸让我踩在一片烂泥上，我不肯，说脚要被弄脏了。爸爸批评我，只管自己，不体谅他，他抱着我那么累，我说我知道错了。我们终于克服困难上了岸，又顺利回到了村子里。

🕐 2015.06.25

😊 5岁3月

前几天端午节，爸妈带我去安徽牯牛降玩。

6月20日中午到九华秋浦胜境的大王洞。我们先坐缆车从前山绕到后山，再回头去寻找洞口。经过一座天桥，然后是一段峡谷，风景非常优美。天桥底下水流声很清脆，桥洞里面很凉快，峡谷里树木参天，还有溪流一阵阵淌过。不时有些小虫子，还有黄的、绿的、白的蝴蝶飞过。我说这个地方太美了，我们以后就住在这里吧！后来到了大王洞口，在里面走了一个多小时。洞很长很长，不时有石头从头顶上悬垂下来，像是水母，又像怪兽。有一些地方人要低着头走，不过我个子矮，不需要，爸爸不小心碰了一次头。还有好几处吊桥，摇摇晃晃。洞里到处打着灯，灯光很美。

游玩出来是下午2点半，我们又赶往怪潭漂流。一个小时后到了景区，怪潭的那段水流直线距离只有500米，但是绕了大弯后有4公里。水流落差较大，中间拦了两道大坝，这样坐上皮划艇，就可以漂流了。爸爸给我买了一把水枪，中途我和一个大哥哥打水仗玩。不过有一次把水喷到一位阿姨身上，她大喊大叫责怪我，挺没意思的。我们在水里漂了一个半小时，终于到了下游上岸处。然后又赶到牯牛降景区，住在一家农家乐。尽管是节日，但是只有我们一家游人，后来就在农家乐吃饭休息。

6月21日，上午到石台龙门牯牛降玩。进景区不久，见到好多株大古树，然后经过一片古村庄，里面有严氏宗祠。不少人在卖木枪、水车，还有锯了卖的樟木，香味异常。我想买水车和枪，爸爸不同意，要我先走一段路，表现好再买。我们又经过四叠瀑，水流很急，水声很大，我们都穿了凉鞋，正好踩在水里走一走。后来又爬到另一半景区，我上山飞快，一点也不累，中途也不要休息。另一半景区是大片果林，还有梯田。经过小路下山，又到了一处吊桥，两山夹一涧，很美。在一个水坝那里，我又看见木枪了，爸妈说我走路好，终于给我买了一把。不过我玩了一会儿就说，其实我想买的是水车，爸爸批评我见异思迁。我一路闷闷不乐，妈妈让我再攒10颗星，如果有20颗星，可以满足我一个大的愿望，比如买水车。但是后来离开了牯牛降，水车没有买成。

中午吃饭以后，离开石台龙门牯牛降，去往另一处祁门观音堂牯牛降。天上下起了大雨，妈妈小心翼翼地开着车。不料，在一处转弯的地方，一辆摩托车从对面飞快地冲过来，一直越过黄实线冲到我们这一边。妈妈打了一点方向，但右侧是悬崖，不能偏太多。结果没有让开，摩托车刮坏了我们的后视镜，并在车门上划过一道深深的痕迹，然后摔倒在山路上。爸爸冒雨下车，扶起那人和车，然后报警喊110和救护车120过来。雨越下越大，等了40分钟救护车才到。后来爸爸坐上救护车先走了，妈妈留下来，等交警看现场，之后又去做笔录。下午4点多钟，爸爸带那人在医院做了检查，没有大事，也赶到了交警大队。有个警察调解，让我们赔2000元，一直处理到晚上7点多钟，我伏在妈妈身上睡着了。后来我们住在当地宾馆，祁门观音堂牯牛降没有去。

关于旅行，我们最欣赏圣·奥古斯丁的一句话："世界是一本书，而不旅行的人只读了其中的一页。"人生应当读万卷书，行万里路，尤其是现代社会，行万里路的重要性超过读万卷书。

有一些父母，不愿带年龄比较小的孩子外出旅行，一是觉得风景再优美，孩子也记不住；二是大人比较累，行动不自由。其实，孩子小，记不住、欣赏不了美景，仅仅是大人功利和片面的理解，并不全面准确。人生的任何经历都如涓涓细流，汇入生命之河，没有白费。大人嫌累怕烦，则是对孩子不负责任，遇到困难正是提高孩子应对能力的良好契机。

南京靠近安徽，从孩子3岁开始，我们自驾皖南（以及皖西）不下十几趟，先后到过名山如九华山、天柱山、齐云山、琅琊山、敬亭山、仙寓山、牯牛降，古村镇如宏村、西递、塔川、呈坎、唐模、潜口、龙川、朱旺、渔梁、查济、棠樾、江村、西溪南村、三河古镇；名水如桃花潭、新安江山水画廊、九华天池、万佛湖、太平湖、月亮湾、水墨汀溪；还有徽州古城、小川藏线（板桥、桃岭公路）、打鼓岭、大王洞、黄崖大峡谷、花山谜窟等。我们觉得行旅是给孩子童年最好的礼物。

每次行旅都有丰厚收获。比如在路上看到珍稀动物鬣羚（也叫山驴子、明鬃羊、苏门羚。因为角像鹿不是鹿，蹄像牛不是牛，头像羊不是羊，尾像驴不是驴，所以号称"四不像"），有几次看到色彩非常鲜艳的昆虫，或者蝴蝶，在不知不觉中增加了孩子的见识，并且吸引他亲近大自然。另外，在朱旺村踏水观瀑的经历非常难得，现在回想起来颇为艰难。不仅因为水既深又凉，而且因为水底碎石硌脚硌得厉害，每迈一步都疼。何况孩子爸爸当时还背着沉重的背包，抱着不轻的孩子，几次身子不稳，差点摔倒。不过没有这样的经历，和孩子、家庭的感情哪能凝结得如此之深呢！

为什么我们主张多带孩子行旅？

一能见识世界，体会人生。世界是什么样的，通过书本、照片、视频去了解，永远不彻底，必须亲自走一走，看一看才行。人生说到底也是一次旅行，芸芸众生具有相同的起点和终点，不同的只是线路和途中的故事，不多走多看多体会，人生的意义大打折扣。

二能密切亲子和夫妻关系。在家千日好，出门一时难，一旦出门确实会遇到不少的意外，肯定没有在家那么方便舒适。但是，正是在共同规划方案、解决分歧、经历挑战、克服困难的过程中，才更有利于融洽家庭关系，增进彼此感情。

三能培养孩子独立性。带孩子外出，父母即使在身边，也不像在家里那样可以照顾得无微不至。孩子有机会独自与外人沟通协调，应对各种变化，增强人生阅历，提高独立意识和处事能力，促进他们快速成长。

四能提高社会适应性。如果跟团外出，和陌生人临时组成团体，彼此行程有别，喜好不一，常遇到矛盾和分歧，需要学会妥协、折中。外出吃食住行，和家里总有差异，多经历以后孩子才能适应人生的各种变化，包括语言、宗教、习俗等。

五有利于建立多元的世界观。流行一句话"没有看过世界，哪来世界观"，细思确有道理。外出需要改变自我中心，随时随地适应新的环境、地理、历史、人文、饮食、文化等，有利于促进角色转换，消除自私狭隘，开阔眼界格局，形成多元的价值观和人生观。

外出最能体会"计划赶不上变化"。比如这次牯牛降之行，本来计划先到石台龙门景区，再去祁门观音堂景区，可是因为意外车祸只得改变了行程。人生遭遇意外是常态，既然无法避免，不如从容应对。每次意外，都是生命的财富。带孩子行旅在外，目的之一正是让他们知道生活并非一帆风顺，且不可以完全预先计划，无论是大人，还是孩子，都需要调整心态，把行旅看作生活的一部分，在出意外时既不要心浮气躁，也不要怨天尤人。有了这些切身经历和感性认识，孩子今后遇到人生的风风雨雨，就能淡定得多。

2014.10.27（4岁7月）

昨天妈妈带我去游乐场玩，玩到最后，我嫌热，就把两只袜子都脱了。等到要回家的时候，我只拿了一只袜子出来。妈妈问另一只呢，我说丢了，妈妈让我再到里面找一找，我找了一会儿没有找到，索性又玩起来。等妈妈再喊我出来的时候，发现我的第二只袜子也不见了！

2014.11.01（4岁7月）

今天吃早饭，我说定时10分钟，后来吃到5分钟时，我还剩很多没有吃掉。我把计时器拿过来拨弄了几下，妈妈"看"着我吃饭，过了一会儿发现钟不走了，仔细一看才发现被按了暂停。后来我终于在铃响之前吃完了，我说好险好险啊！

2014.12.22（4岁9月）

我问妈妈一个问题，嘉嘉是班级眼睛最大的，可是她不喜欢吃胡萝卜，这是怎么回事？妈妈问我为什么问这个问题，我说因为老师告诉我们，吃胡萝卜对眼睛有好处。

下学期开学了，忘记过了多久，有一次三、八日做文章的日子，先生出了题目，忽然宣布"聂绀弩今天也参加作文。"许多早已作文的大学生都拿眼睛看我，那样子好像说："他也作文！"我看看黑牌上写着两个题目：一、《子产不毁乡校》。二、《天下有道庶人不议》。任作一个。这两个题目，我都不知道是什么书上的。……

我说："如果把两个题目写进一篇文章里去也可以么？"

"我不懂你的意思。"先生说。

我说："天子的礼乐征伐出得不对，这就是无道了。庶人免不了要议论。如果天子听见了那种议论，不管议论得好不好，对不对，就照子产不毁乡校的办法办：议得对的就听，议得不对的不听，再不管别的，那不就是从无道变成有道了么？这就把两个题目写成一篇文章了。"

先生说："可以，完全可以。这意思很新。"

我说："我还有一个怪想法。我觉得天下有道则庶人议；天下无道，则庶人不议。"……

先生突然变了脸，好像要哭，却又点头带笑地说："这意思好。你小，又头一次作文，还不能知道说了些什么，更不知道它的深浅；写出来吧，不管写得通顺不通顺。"随即向大家说："今天的作文，以聂绀弩的最好！"

《过去的教师》，商友敬主编
教育科学出版社2007年版

🕐 2014.07.07

😊 4岁3月

我拿着幼儿园发下来的证件对妈妈说，这个证件上的潘字只写了两滴雨，潘字应该是三滴雨。

🕐 2014.12.29

😊 4岁9月

周六上街，我和爸爸辨认各种汽车商标。我看到"现代"，问爸爸，这是袋子的袋吗？爸爸说不是，我又问是戴帽子的戴吗？爸爸说也不是，是代表的代。又看到"别克"，我说这是巧克力的克。

🕐 2015.11.24

😊 5岁8月

爸爸给我讲了宇航服为什么不能用纽扣，我转过身去考问妈妈，还对爸爸说，爸爸你不能"告密"，爸爸说，不是"告密"，是"泄密"。

我们住地附近，起先有一家先锋书店，我们经常带着孩子去逛一逛，翻一翻。可是有一天突然看到停业通知，据说是租金太贵，书店经营不起。孩子很难过地对我们说，本来他想在先锋书店买本书的，可是还没有攒到10颗星，书店却没有了（我们和孩子约定表现好得10颗星，可以满足一个小愿望）。不久后，我们一家三口到成都游玩。在宽窄巷子散步时发现，面积不太大的一条商业街，竟然有9家书店林立其间，问了其中一家店员，说经营还可以，有好几家已经开了好多年了。

　　选择住地，如果周边有书店，或者图书馆，是一件很幸福的事情。孩子学习语言，并且能够准确运用，最好的方式是大量阅读。通常从读绘本开始，逐步过渡到纯文字，注意选择流传久远、公认度高的经典，带着孩子亲子阅读。实践证明，用故事书喂大的孩子就是不一样。

　　孩子天生热爱学习，对外界充满好奇。大中城市的孩子，周围随处可见汉字标识，如路标、物品的商标、车辆品牌、电视和户外广告等，应当充分利用这些资源，培养孩子语感。最初认识汉字，孩子不一定能准确辨别字形，辨析字义更需要一个过程。可以让孩子对字形展开想象，与他们熟悉的物象联系起来。只要按照"听说读写"的顺序，大量听，大量说，大量读，最后自然过渡到写的阶段，学好中文是没有问题的。

🕐 <u>2013.09.02</u>

😊 <u>3岁5月</u>

那天在阳台玩，我对妈妈说，你看，天边"乌云滚滚"，我们回家吧！爸爸一看说，哪里是乌云滚滚，那不是白云飘飘吗！

🕐 <u>2014.08.29</u>

😊 <u>4岁5月</u>

前天妈妈请客，汪阿姨来参加，带给我一个武士的拼装礼物。我拼好后告诉妈妈，这个武士"威风凛凛"。爸爸问我威风凛凛是什么意思，我说就是看起来很厉害的意思。

🕐 <u>2015.11.11</u>

😊 <u>5岁7月</u>

妈妈送我上学，问我枯藤老树昏鸦是表示高兴，还是表示悲伤，我说是表示悲伤。妈妈问为什么，我说因为最后是断肠。妈妈问什么是断肠，我说不知道。妈妈告诉我是指非常伤心，好像肠子断了，所以形容悲伤。

3岁左右的孩子进入语言敏感期，已经能够理解一般的成语，进行较为复杂的表达。最初，孩子会特别喜欢运用成语，有时难免"张冠李戴"。千万不要笑话他们，要多鼓励他们讲出来，语言越用越活，越讲越促进理解。中文的表达很多元，不少细微的差别，不是靠查词典查出来的，而是在日常交往和阅读中慢慢体悟出来的。

应当鼓励孩子体会古诗词中的情绪。古诗词的魅力在于十分简洁的文字，却能表达韵味无穷的悲欢离合，蕴藏着丰富含蓄的情感世界，这些情感不是三言两语能阐述清楚的。而且不同年龄、不同经历的人，读后感受也大不一样。就像蒋捷所说"少年听雨歌楼上，红烛昏罗帐。壮年听雨客舟中，江阔云低断雁叫西风。而今听雨僧庐下，鬓已星星也。悲欢离合总无情，一任阶前点滴到天明"。这种感受要靠个人反复阅读，慢慢领悟才行。

不建议孩子过早写字，多数孩子过早写根本写不好，徒增烦恼。一是因为儿童神经发育程度不够，难以控制精细化动作，空间方位的分寸无法准确把握。二是孩子手部肌肉没有发育完全，手臂力量较弱，既难以精细到位，也难以持久，写一会儿就会觉得很累。三是过早写字会影响孩子脊柱发育和手部骨骼发育，很容易导致姿势变形。四是幼儿属于涂鸦期，会把写字当作画画来完成，容易养成不良习惯并很难纠正。

🕐 2013.11.03

😊 3岁7月

路上我问爸爸：乌云和白云是好朋友吗？

爸爸说：不是，乌云和暴雨是好朋友，因为乌云滚滚之后就会下暴雨。

白云和谁是好朋友呢？

白云和太阳是好朋友，因为太阳一出来，就白云飘飘。

大树和谁是好朋友呢？

大树和小鸟是好朋友，小鸟经常在大树上玩耍。

石头和谁是好朋友呢？

石头和小草是好朋友，因为石头旁边长着小草。

五星红旗和谁是好朋友呢？

五星红旗和祖国是好朋友，祖国妈妈过生日的时候，会有很多五星红旗迎风飘扬。

爸爸说我们的对话就是一首诗——《好朋友》。

🕐 2016.06.19

😊 6岁3月

爸爸教我古诗：黄梅时节家家雨，青草池塘处处蛙。有约不来过夜半，闲敲棋子落灯花。然后问我，如果对方来了，我们可以做什么呀？我说来看灯花，爸爸说还可以做什么呀，我说可以一起捉青蛙，爸爸又问，还可以做什么呀，我说不知道。最后，爸爸无奈地说"闲敲棋子"，说明可以一起下棋呀！

孩子小的时候，记忆力特别好，可以领着他们多背一些古诗词、古文，多听一些经典文章。不理解不要紧，先学小和尚念经，记住就行。我们一直有一种感觉，孩子小时候经历的一切，都像印刻在树木上面的痕迹，随着树的成长，痕迹不仅不会消失，相反会越来越深。很多大家、名家强调小时候博闻强记，是有道理的。

三字经、千字文、百家姓、千家诗，都可以背（弟子规有点特殊，背诵需慎重）。背的方式可以多种多样，我们的做法是不刻意坐在书桌前，一本正经地背，而是一边游戏一边背，一边散步一边背，有时一边玩玩具一边背，还有时在上学放学的路上背。

背的过程中，孩子对内容发生疑问，适当讲解一下，用孩子可以理解的语言，不搞得太玄妙，也不求正解。较为长篇的内容，可以中间稍加提示，不必强调完全自己背。我们孩子利用零零散散的时间，从三字经开始，到千字文，再到百家姓，大约用了一年多时间，都背了一遍。虽然后来未及时复习，基本忘记了，但我们觉得并不白费，因为留存在了孩子内心深处。当然，如果隔三差五复习一下更好。

孩子天生是诗人。

孩子的心灵比较纯粹，想象比较丰富，也没有什么拘束和条条框框，思维跳跃性强，对周围的物象敏感，并喜欢把其作为朋友和伙伴对待，没有后天的隔阂。因此，应当鼓励孩子幼小的时候，任意发散和联想，呵护他们的纯净世界。

孩子天生喜欢听故事，故事通常有人物、有情节、有波折、有悬念，契合孩子的好奇心和求知欲。故事听多了，可以鼓励孩子自己学着讲故事。当然讲故事的要求明显高于听故事，因为首先要理解、记忆，还要能用自己语言复述出来，不过现在资讯发达，有多种方式和载体帮助孩子。

另外，可以多鼓励孩子在大庭广众之下表演讲故事，或者适当参加些比赛，但是千万不要逼迫，或者把孩子讲故事当作炫耀的资本。也可以鼓励孩子编故事，孩子编故事时，不要苛求逻辑严谨和结构完美，重在情节、趣味和真善美的价值追求。

给孩子讲故事，特别是历史故事，遇到复杂的人物关系时，可以尝试画图表的方式，或者用孩子能够接受的物象作类比，帮助孩子厘清情节与彼此关系，等孩子大一些，可以鼓励他们自己画人物关系图。

数学

7个女孩平分2个比萨饼，3个男孩平分1个比萨饼。每个女孩和每个男孩，谁分到的更多？

调查显示，超过90%的中国学生使用了如下的常规策略：每个男孩分得1/3个比萨饼，而每个女孩将分得2/7个比萨饼。将这两个分数通分或是把它们都转化为小数，就可知道1/3大于2/7。

调查显示，只有大约20%的美国学生使用了这种常规策略。相反，绝大多数的美国学生使用了如下的非常规策略中的一种。

解法1：3个女孩分得1个比萨饼，另外3个女孩将分另一个比萨饼。这6个女孩中的每个女孩都与3个男孩中的每个男孩分得同样多的比萨饼。但是有一个女孩没有分得比萨饼。所以，每个男孩分得的比萨饼更多。

解法2：3个女孩分1个比萨饼，剩下的4个女孩分1个比萨饼。剩下的4个女孩每人分得的比萨饼要少于每个男孩分得的比萨饼。所以，男孩分得的比萨饼更多。

解法3：7个女孩有2个比萨饼，3个男孩有1个比萨饼。女孩所拥有的比萨饼是男孩所拥有的比萨饼的2倍。但女孩的人数却不止男孩人数的2倍，所以男孩分得的比萨饼更多。

解法4：每个比萨饼被分成4块。每个女孩分得1块，还剩余1块。每个男孩分得1块，也还剩余1块。剩下的1块必须由7个女孩再次来分，而另外剩下的1块只需要3个男孩再次来分，所以男孩分得的比萨饼更多。

《吾国教育病理》，郑也夫著
中信出版社2013年版

🕐 2013.07.24

😊 3岁4月

　　周日妈妈带我出去玩，我看见有个地方贴着36，妈妈说左边是3，右边是6，读作三十六。后来又看见30，我说，那左边是3，右边是0，读作三十零，妈妈告诉我末尾零不读出来。

🕐 2014.06.09

😊 4岁2月

　　我现在能数100以内的数字了。我数1-20很熟悉，到了29，数30，或者到了39，数40，我会犹豫一下，有时想不起来59后面是多少，我就数123456，哦，59后面是60。然后到了69时，我再数1234567，哦，后面是70！

🕐 2015.01.05

😊 4岁9月

　　我们去苏伯伯家，爸爸告诉我苏伯伯住在36号楼，让我辨认是哪一幢。我看见了36，却没有认出来，爸爸说这不就是36号楼吗！我说为什么只有3和6，没有10呀，爸爸说，两个数字在一起，前面代表的就是几十。

数学是思维的体操，可以训练和拓展逻辑思维、分析思维、想象思维、发散思维等。这些思维能力的提高，有助于运用多种方法解决生活中的问题，还可以提高人的辨别是非能力。

学龄前的儿童，还谈不上专门的数学学习，更不应当过早地投入"奥数"，毁掉孩子的学习兴趣。但是不妨日常生活中，带着他们有意识认识数字、数理、逻辑，为日后专门的学习奠定基础。

数学学习从认识数字开始。孩子最初认识数字，是通过形象思维来记忆，不妨让孩子把基本数字想象成各种样子，如喜欢的玩具、生活中的物品等，通过形象识别，记忆会比较容易。

初步认识数字后，可以带着他们认读100以内的数，告诉他们准确的读法，学习连续不间断地数数。有些孩子很快能掌握其中的规律，数得又对又快，有的孩子可能数得慢一些，或者总有所遗漏，都不要紧，可以借助具体的物体（葡萄、毛豆、花生米、火柴棒等），帮助建立数列的概念。

另外，注意通过生活中的门牌号、车牌号、序列号等，让孩子明白数的概念。

🕐 2015.06.25

😊 5岁3月

我们买了10元酒酿和5元赤豆元宵，我说元宵便宜，酒酿贵。爸爸问我一份酒酿等于几份元宵的钱，我说两份！

🕐 2015.08.03

😊 5岁4月

有一个茶亭，在卖茶水、快餐和饮料，价格从15、38、48元到108元不等，爸爸问我最便宜的是哪个，最贵的是哪个，我都能准确说出来。

🕐 2016.03.20

😊 6岁

爸爸让我跳绳一分钟，我跳了71个。我告诉爸爸68+3=71，爸爸表扬我，问我怎么计算的，我说上一次我一分钟最多跳了68个，这次比上次多了3个，所以是68+3=71。

对于普通孩子来说，数学从生活中来，学好数学需要一定的生活经验，特别是有些数学知识，与生活关联很密切，例如概率问题、人民币问题、立体结构问题。如果孩子缺乏一定的生活经验，是很难学好的。这种经验需要从小积累。另外，学好数学也要能回归到生活，运用于生活，这些都需要有意识地培养。不排除有神童或者数学禀赋特异的孩子，他们适应非常专业的数学研究，而对绝大多数孩子来说，学好数学除了帮助升学和辅助其他学科学习之外，还应当能够解决生活问题，而不是成为屠龙之术。

孩子认识基本数字和100以内的数以后，可以带着尝试生活中数的排序、比大小、基本加减法，以及计算倍数。这些活动不需占用专门的时间，可以随机进行，只要父母用心，会发现生活中处处有数学，而且挺有趣。

父母应当多问问孩子是怎么想的，对孩子的各种想法尽量给予鼓励。尤其是幼儿阶段，孩子利用身体、手指或借助物品进行计算，不仅是正常的，也是必然的。因为从形象思维到抽象思维有个过程，这个过程并非越短越好，要根据孩子的认知特点和禀赋水平而定。不要简单地认为抽象思维比形象思维高级，并因此嘲笑孩子，更不要轻易否定孩子的想法。

如果孩子计算不对，也要耐心引导，分析背后潜藏的原因。有的是思路偏差，有的是发散不当，有的是基本原理没有掌握，情况不一，纠正的方法也各异。

🕐 2013.12.19

😊 3岁9月

　　上周南京大屠杀死难者国家公祭日，老师告诉我们南京大屠杀是怎么回事。我回来告诉爸爸，南京大屠杀日本人杀死了30个中国人，我们班上小涵涵回家说杀死了3个中国人。我们还知道日本人很坏，因为他们杀老师。

🕐 2015.01.12

😊 4岁9月

　　我对爸爸说，5加5等于10。因为我读家里金刚葫芦娃的书，一系列有5本，还有黑猫警长的书，一系列也是5本，一共有10本，所以5加5等于10。我还知道6+4=10。因为我发现自己穿的鞋子上面各印有一只瓢虫，每只瓢虫背部上面有2颗星，下面有3颗星，我用2加2等于4，3加3等于6，这样就算出一共是10颗星。

🕐 2015.02.23

😊 4岁11月

　　我对爸爸说，比1还要快的是0，爸爸问为什么，我说因为第三名不如第二名，第二名不如第一名，而第一名前面不就是0吗，所以0比1还要快！

学龄前的孩子，受生活经验和认知水平的限制，对于大数（超过100）的概念比较模糊，超过10000就更难有具体感知。所以幼儿期建议从他们的生活经验出发，在他们能够理解的数量范围内予以教学。但是不妨让孩子知道有很大很大的数（万、亿、兆）存在，大到什么程度，随他们去想象。有时也可以和他们"吹牛"，比谁说的数字更大，激发他们对未知世界的兴趣。当然，评判时不要过分强调表述科学和规范。

　　4—5岁的孩子已经能够理解不同算法，就像上面记录的，几种情况结果都等于10。这是很好的开端，应当鼓励他们多动脑子，借助具体物象建立"一题多解"的概念。

🕐 <u>2015.08.27</u>

😊 <u>5岁5月</u>

　　爸爸出题目给我做：电梯里有5个人，有大人有小孩，一个大人把一个小孩抱在了手上，还有几个人？我说还有4个人。爸爸告诉我不对，应该还是5个人，因为他们都没有出电梯。后来我玩过山车时告诉爸爸，可以进行类似题目的改编，过山车上有100个人，其中10个人被转晕了，过山车上还有多少人？爸爸表扬我会动脑筋。

🕐 <u>2016.05.04</u>

😊 <u>6岁1月</u>

　　在天柱山爬山时，我很积极，因为爸妈答应我爬到山顶可以买一个玩具。后来到山顶之后，我想买一个鸟形的哨子，装入水后可以吹响，但要5元。爸爸说太贵了，下山再买吧，我就飞快往下跑。到了山下，同样的哨子再买时只要3元了。

社会上对奥数爱恨交加，各种意见都有。奥数本身没有问题，有助于锻炼孩子的思维能力。但是奥数确实只适合极少数孩子，大多数孩子想绕清其中的弯子，既难以做到，也没有必要。因为不懂奥数，并不影响思维的训练，可以通过其他多种方式达到思维训练目的，不一定非得在奥数这棵树上吊死。

　　事实上，有些孩子年龄未达一定阶段，怎么绕也绕不明白。绕不明白不代表孩子不聪明，衡量聪明的标准是多元的。因此，如果让孩子接触奥数的话，我们建议至少三四年级以后，而且应当以拓展思维为目的，不要变成刷题机器。现在社会上不少培训机构，单纯让孩子背公式、套公式，表面上掌握了，实质上属于死记硬背，还扼杀了孩子的求知欲，我们极不赞成。

　　孩子根据爸爸的例子，想到自己改编类似的题目，是令人欣喜的事情。改编是学习数学的良好方法之一，通过改编，孩子能体悟数理的奥妙，把握题型的本质，领略数学的魅力。

　　通过游戏学习数学，是很好的方式。怎样设计游戏？可以借鉴网络、书籍，也可以自己发明创造。最好具有竞赛性质，因为更有利于激发孩子学习的动力，在玩中学，能活跃孩子身心头脑，而且不枯燥无味。每家情况不一，孩子各异，建议结合实际，找到适合的"玩中学"方式。

　　山上山下同样的玩具，价格不一，是让孩子体会生活中简单的经济学，也初步体悟为什么到了山顶会加价。从小让孩子接触钱，懂得价格与价值的关系，都是有益的事情。等孩子长大一些，还需要让他们自己通过劳动挣钱，体会挣钱的艰辛，体谅父母的难处，学会勤俭节约和对自己负责。

2015.01.27（4岁10月）

周五，我告诉爸爸，我们班级炳炳中午把桂圆带到床上吃，被老师批评了。爸爸问，炳炳很贪吃吗，我说不是，是霖霖给他吃的。妈妈问，霖霖是你好朋友，为什么没有给你吃呢，我说，霖霖怕我被老师批评。爸爸问，那霖霖和炳炳是好朋友吗，我说不是，霖霖和炳炳不太好，结果炳炳吃了桂圆，老师批评个没完。

2015.03.31（5岁）

在路上，我告诉妈妈，我在幼儿园有时候中午不想睡，就把脚偷偷伸到旁边小涵涵的被窝里。小涵涵很高兴，不过她不出声，怕老师知道了被批评，其实她也不想睡。

2015.08.03（5岁4月）

我们一起去玄武湖散步，天微雨，不太热，我们走了好远。姥姥有个钱包，放在妈妈背包里，我主动跑过去要求背包。可是我背包后，发现钱包没有了，就不肯再背包了。

英语

　　蔡元培33岁开始学日语。在南洋公学时，他提倡学生学习外语应从与汉语比较接近的日语学起，并以自己不会读日文照样能看懂日文书籍的经验，教学生如何看懂和翻译日文。结果，"不数日，人人能读日文，且有译书者"。之后，蔡还和学生们一起向马相伯学习拉丁语。蔡每天一早就步行十里到马的住处学习，有时清晨五点便到马家门口敲门，马推窗看是蔡元培，只好无奈地说："太早了，太早了，八九点钟再来吧。"蔡元培年届七十时写《假如我的年纪回到二十岁》一文，他说："所以我若能回到二十岁，我一定要多学几种外国语。自英语、意大利语而外，希腊文与梵文，也要学的。要补习自然科学，然后专治我所最爱的美学及世界美术史。"

《细说民国大文人——那些思想大师们》，民国文林编
现代出版社2010年版

🕐 <u>2013.04.14</u>

😊 <u>3岁</u>

今天爸爸带我去新街口上外教课，见到一个外国阿姨，和我说 one、two、three 以及 green、yellow、blue 等。我有些害怕，头躲在爸爸身后，或者用手把脸捂起来。

🕐 <u>2013.09.29</u>

😊 <u>3岁6月</u>

昨天我上英语课，Rebecca 老师教我们 chair 和 book，不过我有些坐不住，老是要动。轮到我上前指认，别的小朋友都知道的 chair，我却说成 book。后来做游戏辨认单词的时候，老师喊 Mark，我也说 Mark，老师笑了，说 Mark 是我的英文名字，老师是在喊我回答问题呢！

🕐 <u>2013.10.07</u>

😊 <u>3岁6月</u>

今天我去上英语课，看见班上 Thomas 哭着不肯进教室。我回来对爸爸妈妈说，没有爸爸妈妈我也很高兴。爸爸听了有点摸不着头脑，妈妈说，你是不是想说爸爸妈妈不在身边，你也不哭，也会很高兴地上课，因为 Thomas 要他妈妈在身边才上课，我说是的，我不像 Thomas！

何兹全先生在为《陈寅恪与傅斯年》所作序言"独为神州惜大儒"中，提及傅斯年先生反复叮嘱他两句话，一是要学好古文，二是要学好外语。田家青先生在其所著《和王世襄先生在一起的日子》中也说"要有高眼界，做出高水准的学术成果，不能只在中国境内的圈子里混，而是要走向世界。然而挡路的首要障碍，就是英语。三十多年前，国内真正能高水准掌握英语的人并不多见。王先生的英语好，讲英语的口音略带特殊的北京味儿，在来京外国人的交际圈中口碑颇佳，这在与他同时期的文博专家中极为罕见。也正因如此，他有着更为宽阔高瞻的眼界和远超一般学者的知识，而他所做出的成就，便具有了世界意义。"

有一句话我们非常认同，只有掌握外语，才能更好地理解母语。互联网已经让我们居住的星球真正成为地球村，世界有很多优秀文化，都值得学习了解，而通向世界优秀文化的关卡首先是语言。学好外语的目的是打开了解世界优秀文化的窗户，能够走出去和世界交流，从世界先进文化中汲取养分。这和考试得高分无关，学习英语不仅仅是应付考试和职称评审等。特别是现在学习外语的条件比之上世纪优越多了，更应当珍惜。不仅孩子应当学，父母也应当学一些，才能和未来的孩子更好地"对话"。

如何学习外语，见仁见智。究竟怎么学，最开始心里没谱。于是我们也和其他父母一样，到处找培训班，上试听课。我们一开始试听时孩子表现出一定程度的拒绝，特别是接触到高鼻子、蓝眼睛的外教，还有些害怕。后来经历多了以后，才慢慢融入进去。不过外教班通常收费比较高，而且我们也不是非常认同纯正口音的重要性，所以权衡之下选择报了中国老师的普通班。每周一节课，一段时间下来，有点效果。语言学习是个漫长的过程，最初的兴趣非常重要，保护孩子学习的积极性更重要，做父母的千万不要太心急。

🕐 2015.02.05

😊 4岁10月

　　周六学习英语，爸爸说"躺椅"是 dormette，我问爸爸，为什么不是 chair 呢，爸爸说 chair 表示椅子，并表扬我会动脑筋。爸爸又说钥匙是 key，我说，哎，蛋糕是 cake，蛋糕里面放一把钥匙，就是 a key in the cake。

🕐 2015.12.21

😊 5岁9月

　　我问爸爸，为什么水母叫 jellyfish，金鱼叫 goldfish，而鳄鱼叫 crocodile，不是叫 crocofish？

　　关于儿童英语，台湾三位妈妈（汪培珽、吴敏兰、廖彩杏）不约而同地主张读故事、听音频、看绘本，给我们很大启发。汪培珽女士推荐了系列英语原版书单，非常适合孩子启蒙时选用。吴敏兰女士在其《绘本123 每个妈妈都能胜任的英语启蒙》中介绍了很多适合孩子的英语绘本。例如《All In A Day》，一个小男孩因为船难向不同国家孩子发出 SOS 求救讯号，结果发现同样时段，北半球俄罗斯 Alyosha 玩雪的时候，南半球里约热内卢 Ze 却在海边放风筝，由此认识到这个世界竟然存在"时差"。还有一本绘本《Hello World》，里面提供了42种打招呼的语言，让孩子体会到这个世界如此多元。

　　孩子爸爸从孩子4岁多开始，每天坚持给他读英语故事，以汪培珽、吴敏兰推荐的阅读书目为主。一开始孩子希望爸爸讲中文，后来慢慢地不加排斥，但是也谈不上有多高的积极性。再后来听英语就和听中文一样，变得自然而然。有时候孩子还会说，爸爸你给我读个英语故事吧！

　　我们一直认为，对于幼儿来说，中文和英语都是"外语"，题材、内容和价值观都差不多，通常都是童话、诗歌、趣闻、百科，表达的都是友爱、团结、勇敢、坚强、信任、恐惧、害怕、伤感、高兴等。只要坚持一段时间（2个月左右），孩子对于听英语故事就基本适应了。

　　故事听多了，孩子对于英语的语感也逐渐增强。有一次绘本上有两只小鸟，爸爸读成 birds，孩子问为什么有个 s 呀？另一次，他向一个小姐姐"炫耀"：你们知道 orange orange 是什么意思吗？是橙色的橘子！有时候，爸爸在某一本书中读到的单词，孩子会在其他书中很快找出来。例如读一本绘本《A Day At The Airport》，其中有个 ground controller，孩子立刻说《和小火车一起学单词》里也有个 fat controller，说明他确实听懂了。有时候，我们在百词斩上背单词，孩子也好奇地跑过来。孩子爸爸每个单词读一读，再让孩子看着图片猜意思，好几次孩子都猜中了，他挺有成就感，学习英语的兴趣也越来越浓。

🕐 2015.03.15

😊 5岁

　　我听读英语故事书《Ten Cuttlefish》时，对爸爸说书中乌贼的插图有错误。我说乌贼（cuttlefish）和章鱼（octopus）有区别，乌贼的头是尖尖的，章鱼的头是圆圆的，但是那本英语书中乌贼的头却都画成圆圆的，成了章鱼头了。

🕐 2015.04.14

😊 5岁

　　今天爸爸给我读英文故事时，我发现里面美国地图只画出了一部分，还有一部分阿拉斯加没有画出来，我说这本书里的美国地图画错了。

孩子阅读通常分三个阶段，一是纯图画阶段，二是图文结合阶段，三是纯文字阶段。少儿时期，建议多让孩子阅读各种绘本，等到积累了相当的文字量，并且思维、认知达到较高程度后，再进入纯文字世界。有些大人习惯了纯文字阅读，认为绘本属于"小儿科"，希望孩子能快速超越这个阶段，其实不对，因为违反认知规律和孩子成长规律。我们曾经请教著名儿童阅读推广人、江苏省特级教师周益民先生，他说孩子中年级之前，都属于阅读起步阶段，应当以桥梁书（图文结合）为主，且仍需要父母陪伴，读物选择要突出趣味、夸张、想象力，不能操之过急。

　　不要小看孩子，他们的目光很敏锐，小脑袋瓜只要动起来，会让大人吃惊不已。说实话，故事插图中的错误，孩子爸爸备课时根本没有发觉。说明这个时候孩子的阅读已经超越单词和句义的学习记忆，开始进入享受故事本身、兼顾多元信息的阶段，所以变得较为轻松、自如，也才会有这些发现。

🕐 2015.04.30

😊 5岁1月

晚上练习认识字母。爸爸指着 K 说，风筝的开头就是 K，风筝就是 kite（/ki:t/），我说不对，应该读 /kait/，爸爸一查果然是的，问我怎么知道的，我说他前面读过的。

🕐 2016.06.04

😊 6岁2月

晚上爸爸带我学习儿歌。学习到 parrot（鹦鹉）时，爸爸读成 /pairət/，我说那不是 pirate（海盗）吗！后来一查，海盗读 /pairət/，鹦鹉读 /pærət/，两者有一点区别。爸爸说可以这么记：海盗会"拍"（pai）人，所以读 /pairət/，爸爸表扬我听得很认真。

关于语音，想专门说一说。很多朋友一听孩子爸爸说自己给孩子读英语故事，首先质疑的是：你英语发音标准吗？孩子爸爸说不标准，于是他们坚决否定其做法，认为会让孩子"误入歧途"。

对于这个问题，孩子爸爸的想法是，与其期求完美总不开始，不如有所欠缺勇敢起步。2013—2014年，孩子爸爸有机会参与筹办南京第二届夏季青年奥林匹克运动会，多次接触国际奥委会的官员，发现很多人英语的发音实在不敢恭维。他们是凭借完美发音指导世界吗？换个角度想想，我们的孩子日常接触的叔叔阿姨、爷爷奶奶、外公外婆，他们的普通话标准吗？如果不标准，难道不让孩子和他们说话吗？

再仔细追问，标准的英语发音真的那么重要吗？即便欧美国家，不同地区的人发音也有很大差别，能够有标准的英音、美音当然更好，如果没有，也未见得影响日常的表达、理解和分享。何况现在很多英语读物都有音频材料，孩子听父母发音的同时，也可以对照音频材料甄别正误，乃至纠正父母的错误，这方面千万不要忽视孩子辨别的能力和对语言的敏感性。

其实，中国家长过分追求完美的心理，不仅仅表现在英语学习上，还表现在钢琴、书法、绘画等很多方面，一味推崇名师、大家、风范，强调品质、高端、无瑕，有时达到削足适履、因噎废食的地步，人为减损了孩子学习的兴趣和乐趣，我们认为得不偿失。

🕐 2015.08.10

😊 5岁4月

　　这几天晚上爸爸开始带我系统学习数字1—10，早晨送我上学的时候，用英文教我基本计算。比如 one plus one，two plus one，一直到 nine plus one，我挺习惯的。

🕐 2016.02.17

😊 5岁11月

　　路上爸爸出数学题目，用英语计算 one plus nine, ten minus one 等，大多数我都正确。爸爸又让我出题目考他，我出了几个如 eleven plus three, eleven plus twenty, 爸爸夸我题目出得好。我晚上还出题目考妈妈：twenty plus thirty, fifty plus eighty, one hundred plus fifty，妈妈夸我聪明。

🕐 2016.06.29

😊 6岁3月

　　爸爸出英语题目给我做，eight minus two, then plus four，我说 ten，爸爸说我理解得不错。

我们家距离幼儿园3公里，路上需要20分钟左右。为了充分利用时间，我们送孩子时保持两个做法。一个是带孩子在路上背古诗，先提前准备若干首古诗词，自己背熟，然后教孩子。当天背过之后，第二天、第三天再巩固，孩子记性好，几天下来就会背了，不太理解也不要紧。第二个做法是教孩子简单英语计算。先教孩子说100以内的英文数字，再教他加法（plus），减法（minus），从10以内开始算起，逐渐加大难度。这样一举四得，一是时间得到充分利用，二是学会了数学简单计算，便于"幼小衔接"，三是练习和巩固了英语，四是亲子之间得到充分交流，父母们不妨一试。

需要说明的是，应当准备一辆踏板车，以便让孩子坐在前面，能够听得见彼此说话。

🕐 2015.10.18

😊 5岁6月

　　爸爸整理我的英语原版书，已经有200多本。爸爸又在同事那里找来一堆材料，放在Ipad上面点读。他还找些英文电影给我看，上一次我主动要求借了一本《Lost in Space》，后来爸爸下载了同名电影。前几天妈妈带我看电影《蚁人》（Ant-Man），我现在对正义联盟、复仇者联盟等很感兴趣。

🕐 2016.03.15

😊 6岁

　　今天爸爸为我改编了两本英文绘本《It's Mine》（《这是我的》）和《Fredrick》（《田鼠阿佛》）。前天还改编了《Little Keeds》（《小种子》），《The Cat Who Lived a Million Time》（《活了一百万次的猫》）。爸爸在网上找来英文，有的打印下来贴在书上，有的直接手写在中文旁边。爸爸说这样改编的双语阅读，经济实惠，我也挺感兴趣的。大部分内容我都能听懂，个别不太清楚，比如爸爸读peace，我还以为是peas呢！

现在儿童学习英语的资源极大丰富，当当、淘宝上面都有网店可以购买原版书，微信上有不少公众号可以团购，喜马拉雅、纳米盒中有很多音频材料可以听，还可以下载英语动画片、英文电影。资源不是问题，问题是如何选择取舍，不至于迷失在这些海量的资源之中。我们的办法是：

一、购买和借阅结合。经典英文原版书尽量购买，放在家里随时可以阅读，而且可以反复读，直至成诵，也包括写写画画，做笔记。其他一般性读物可以选择去图书馆或者朋友圈借阅。

二、原版和改编结合。英文原版书大多比较贵，有些还不一定能买得着。但是不少经典绘本、故事都有中文版，可以在网上查找到英文，在中文版上自己"改编"。内容简单的手写即可，内容复杂的打印粘贴，实践效果还不错。

三、阅读和听录音结合。不少英文原版书配有音频，我们专门下载后汇总编号，放在播放器里，需要听时"点播"。特别是可以用听录音，早晨给孩子催起床。亲子阅读可以传递各种情绪，也可以随时中断、反复、答疑，录音则可以校正发音，相得益彰。

四、控制视频时间。视频具有纸质书不具备的效果，但是视频一则有伤视力，二则妨碍想象，三则不利于深度阅读，所以通常情况下尽量以纸质书阅读为主，看视频（动画片、电影、纪录片等）为辅。特别是中级以上阅读材料，文字量大增、故事情节曲折，纸质书比视频更为合适。

🕐 2015.10.24

😊 5岁7月

前天爸爸给我读英语故事书，说小鹰叫 eaglet。我们发现在英语中，好多小动物都有单独的名称。

🕐 2016.04.14

😊 6岁

爸爸从图书馆借来《Ducks and Geese》，发现里面的 baby duck 叫作 ducking, male goose 叫作 gander, male duck 叫作 drake, 爸爸说西方人很尊重各种动物，尤其是尊重小生命。

我们自己学英语多年，虽然通过六级考试、研究生考试，但是却从来不知道恐龙（dinosaur）、蝉（cicada）、蚱蜢（grasshopper）、怪兽（monster）、豪猪（porcupine）这些单词。然而带孩子亲子阅读时，到处遇到可爱的小熊（《Little Bear》系列）、青蛙和蟾蜍（《Frog and Toad Together》系列）、老鼠（《Mouse Soup》系列）、狐狸（《Fox in Love》系列）、小猴子（《Curious George》系列），不只孩子喜欢，大人也为之深深着迷。即使有些故事并不短（32页—64页），但是句型简单，情节曲折，情感饱满，形象生动，孩子听了前面，忍不住去翻后面……我们这才发现做对一个很好的选择。

读的故事多了以后，还发现一个有趣的文字现象，就是英语中很多小动物，都有自己单独的名称，而不是在动物统称前面加个little。例如，兔子rabbit，小兔子bunny；鸭duck，小鸭ducking；鹿deer，小鹿fawn；狗dog，小狗puppy；鹰eagle、hawk，小鹰eaglet……可以说数不胜数。另外，不仅小动物有单独名称，大的动物雄性和雌性有时也加以区别。例如，公鸡cock/rooster，母鸡hen；雄鹅gander，母鹅goose；公鸭drake，母鸭duck……

这是为什么呢？专门请教朋友，原因主要有两个：一方面，英文是表音文字，为了区别各事物之间细微的差别，不得不造出大量的单词，所以英语单词量远比中文多；另一方面，西方文化更尊重个体，尊重孩子，尊重各种生命。在西方文化中，平等很重要，对于上下尊卑则不是很在意。中文里爷爷、外公有别，奶奶、外婆不一，英语中不加区分，均用grandpa、grandma，或者统称grandparent；中文里舅舅、伯伯、叔叔、姑父和舅母、伯母、婶婶、姑姑的身份、地位不同，互相不可混用，英语里只有uncle、aunt。反映在动物身上，英语中几乎每个小动物都有独立的名称。这背后是文化的差别，观念的差异，细思下去大有哲学深意。

🕐 <u>2015.11.24</u>

😊 <u>5岁8月</u>

路上和爸爸玩我发明的游戏《Fast, Middle, Slow, Stop》，就是我一说Fast，爸爸就推着我快跑。我问他精力用完了吗，他说用了不少了，我就说Middle，或者Slow，他就可以推慢一点。如果爸爸很累了，我就说Stop！

🕐 <u>2015.11.29</u>

😊 <u>5岁8月</u>

我买的玩具小汽车（hotwheel）底部，有制造产地的说明。有一些是Made in Thailand（泰国），有一些是Made in Malaysia（马来西亚），也有一些是Made in China（中国）。

🕐 <u>2016.01.17</u>

😊 <u>5岁10月</u>

前几天，瑞瑞送我一套组合玩具Airplane Toy。爸爸一边和我玩，一边教我上面的英语，如Strategist（军事家），Scouter（童子军），Aidede Camp（副官），Warrior（勇士），Commander（司令官）以及Fighter Plane（战斗机）。

上面记录的游戏情景至今历历在目。在英语学习中，不妨发明一些互动游戏，特别是鼓励孩子自己创造，把英语元素巧妙地融合进去，一方面增添学习的趣味，另一方面也是活学活用，让语言和生活有机结合起来。

　　另外，可以充分挖掘身边的资源学习英语。孩子的玩具、食品，大人的衣饰、化妆品，家庭的家用电器、生活用品，不少上面有英文说明或者标识。有意识地带着孩子学一学，不认识的单词查一查词典，一定会获益匪浅。

　　孩子先后购买了数十个风火轮小汽车，我们在带他看产地说明时大吃一惊，因为其中绝大多数制造产地是泰国、马来西亚。这些小汽车充满于身边的大小超市，可见世界竞争的残酷性，"中国制造"的桂冠并非想当然地永远戴牢在我们的头上。

🕐 2016.02.29

😊 5岁11月

　　前天爸爸拉我见一个意大利朋友 Sergio，让我和 Sergio 说说话。我见到老外有些害羞，不过因为我读了不少英语故事，所以并不害怕。我读《Very Hungry Caterpillar 》的故事给 Sergio 听，他指着书中内容问我 What's this？我说 It's elephant. It's hand。Sergio 又伸出两只手问我，我回答 It's two fingers，爸爸纠正说应该是 It's two hands。Sergio 还问我 What's your name？我说 My name is Mark。

🕐 2016.04.14

😊 6岁

　　爸爸给我讲《Mouse Soup》，是两块小石头和 bird 以及 mouse 对话的故事。Bird 说山对面有 castle，还有 town，mouse 说山对面只有 stone 和 flower。爸爸问我两个谁说得对，我说他们说得都对。因为 bird 飞得高，看得远，而 mouse 只能贴在地面看东西。爸爸又问我长大准备做什么样的人，我说要做 bird，能站得高，看得远。

现在国际交流多起来之后，我们身边不乏外国友人。当孩子具备基本对话能力，或者仅仅是读过一些英文绘本故事后，都可以尝试着带他们和外国人接触接触，简单交流交流，消除孩子的陌生感和距离感，也让语言的学习真正发挥作用。

后一则记录证实了我们的想法。对于学龄前的孩子，无论是中文，还是英文，都是"外语"，里面的道理是相通的，传递的都是爱、友情、关怀、冒险、分享、机智、想象、独立、梦、温馨、幽默等普世性的内容和价值。那么，与其读翻译过来的版本，不如读原汁原味的故事，与其纠结于语音与语调、完美与不完美，不如行动起来，勇敢地迈出第一步。萧伯纳（George Bernard Shaw）说"美国和英国是两个伟大的国家，但是被相同的语言分隔开来"（The United States and England were two great countries divided by a common language），翻译永远不能代替原文，文化的最好营养是原汁原味。

从语言敏感期出发，孩子学英语越早越好，有条件的出生后即可中英文同步"磨耳朵"。具体可以参考《培养孩子的英文耳朵》，里面有非常详细而实用的说明。至于是否上培训班，或者口语强化班，根据各个家庭情况和需求决定。实话实说，学英语仅靠学校是远远不够的，需要家庭和社会培训的有机补充。品牌社会培训机构，课程设置合理，授课循序渐进，上课注重互动，可以适当选择一二。当然，无论上什么班，家庭学习和氛围营造始终不能放弃。

🕐 <u>2016.02.02</u>
😊 <u>5岁10月</u>

昨天我告诉爸爸妈妈，在英语课上学习了新故事，我已经全部"背"下来，爸爸表扬了我，故事是：

This is a turtle. He likes to talk.

He talks day and night. He even talks when no one's near.

Nobody likes him. He just talks too much.

Now, one day, there was a fire in the forest.

The fire was coming close. All the animals started to run.

The turtle couldn't run. He cried, "Help! Help!"

The fox said, "I don't want to help. You talk too much."

The porcupine said, "I don't want to help. You talk too much."

The deer said, "I don't want to help. You really talk too much."

Just then, two geese flew by. They said，"We can help you."

"Bite on the stick and do not talk."

They started to fly. It went very well.

But then, the turtle saw his friends.

He greeted them with "hellooooooooo!"

Then there was a loud "SPLASH!"

After that, this turtle never talked again.

🕐 2016.02.11

😊 5岁11月

　　昨天中午，爸爸妈妈在睡觉，我想读英语故事，我拿了一本《Red Rockets and Rainbow Jelly》，全文读了下来：

　　This is Nick, this is Sue. Nick likes red apples, Sue likes green pears. Nick likes yellow socks.Sue likes yellow ducks. Nick likes orange hair. Sue likes purple hair and purple flowers. Nick likes brown bears and black cats. Sue likes black and white cats and black orange cars. Nick likes pink and orange dinosaurs. Sue likes red rockets and red dogs. Nick likes green aliens. Sue likes green and yellow aliens. Nick likes green and red and pink and orange and yellow and purple jelly. Sue likes every thing blue. Sue likes Nick. Nick likes Sue. Goodbye Nick, goodbye Sue!

　　我是一边想一边读的，其实我不认识单词，但是爸爸读过几遍之后我记住了，所以慢慢地就读了出来。

第一个故事是在暑假英语幼托班学的。因为长期坚持亲子原版阅读，孩子的单词和故事情节理解力比较强，这样长的故事，记起来并不很费劲。而且幼托班进行分角色表演，也能帮助孩子更好地记忆。这是孩子第一次比较完整地讲出一个英语故事，而且是他自发要说，在车上一路说下来，挡都挡不住。

第二个故事里的单词，孩子确实几乎都不认识，他只是凭借记忆和插图朗读，有的地方加上自己的理解，和原文不太一致（此处记录照抄原文）。读的时候摇头晃脑，可以说是声情并茂，我们感觉很欣慰。试想，所有的学习都能像这样，发自内心的喜欢，怎么会学不好呢！

艺术

"文革"动乱结束后的七八十年代，百废待兴，在中国大陆学弹古琴的人寥寥无几，甚至没有多少人对古琴感兴趣，可以说是荒漠一片。但就在那时，王（世襄）先生和夫人袁荃猷——古琴名师汪孟舒先生和管平湖先生的真传弟子，从各个方面对濒危的古琴文化倾注了很多心血。……

但是到了八十年代以后，随着经济大潮的兴起，经济上变好了，玩儿古琴的人也多起来。按说，这本应是件好事，可也不知怎么的，古琴活动变"味儿"了。慢慢地出现了两个不好的趋势：一是把古琴当作附庸风雅的道具，用它来撑门面和拔高自身形象；二是一些人利用古琴牟利，本来最不商业化的古琴，也变成了赚钱的工具。……

弹琴的形式，王先生一直认为古琴文化高雅深邃。古琴的音量非常小，不同于其他适合为满场听众演奏的乐器，它更适宜在文人之间表达思想、交流心灵，多是三两知己，在安静的文会雅集中弹奏，这在许多传世的古代绘画中都有体现。……

随着时代的变化，社会越来越浮躁，面向公众的古琴演奏不仅大行其道，且演奏的形式也越变越离奇，花样越来越翻新。有段时间经常听老两口儿抱怨，又听说某某人拿古琴干这个那个的，使他们特别反感。

《和王世襄先生在一起的日子》，田家青著
生活·读书·新知三联书店2015年版

2015.01.19
4岁10月

今天晚上爸爸妈妈带我去教钢琴的周老师家。周老师和我谈了一会儿，看了看我的手，说很厚，比较有劲儿，适合弹钢琴。又让我坐在那里给他看看，我坐了不到10分钟，又是要撒尿，又是要跑动。不过周老师说还行，基本上定下来，下个月开始练习，每周一次，每次45分钟。

2015.04.08
5岁

我现在挺喜欢弹钢琴的。不过每次学习新的曲子，我都会磨蹭，玩一阵子，学一阵子，再玩一阵子，再学一阵子，妈妈既不生气，也不着急。

2016.03.10
5岁11月

爸爸在喜马拉雅上下载了不少钢琴曲，让我晚上睡觉前欣赏。我听了以后会评论说，这首曲子是首欢快的曲子，那首是优美的曲子，还有一首像着了火，烧了起来，是热烈的曲子，后来火灭了，又安静下来。

　　艺术有什么用？在让孩子学习艺术之前，父母应该花点时间想一想这个问题。现在大多数家庭，对孩子艺术教育很重视，尤其是大中城市，让孩子学乐器（钢琴、小提琴、架子鼓等）、学芭蕾、学书法、学绘画，比比皆是，至于为什么学？原因不一。

　　有的是想让孩子接受素质教育，提高修养水平；有的是从众心理，别人家学，我们也学，西方家庭学，中国也学（其实西方家庭也并非全民学琴）；有的是怕孩子"无所事事"，不学点东西"浪费"时间；还有的是准备走专业化道路，想通过一技之长，避免千军万马挤高考独木桥。由于中国高考的巨大压力，以及其他多方面因素，其中很多孩子在通过各类考级、拿到证书后就彻底放弃了艺术学习，有些终身不再触碰，甚至连艺术欣赏也丧失了兴趣，与学习艺术的本质完全背道而驰。

　　我们让孩子学点艺术，主要基于四个方面考虑：

　　一是思维训练。艺术和科学分属不同领域，思维归属大脑不同区域，科学侧重理性、客观，艺术侧重感性、主观，艺术能够弥补科学训练的不足，发展孩子的想象力和创造力。

　　二是品位提升。学点艺术创造，以及艺术欣赏和评论，能够丰富孩子的内心世界，增强他们的情感体验，也是给人生多打开几扇窗户。

　　三是未来需求。未来科学技术越发展，人工智能越发达，人类的精神就越紧张。功能拓展到一定程度，不仅不能带给人更多的幸福体验，相反成为负担，艺术有可能成为精神减负的最佳方式。

　　四是磨炼性子。台上一分钟，台下十年功，任何一门艺术，要扎根下去，学出一点眉目，都要投入巨大的精力和较多的时间。不过如果有一样艺术，孩子能够坚持学下来，就能迁移到其他很多事情上面，耐得住性子，不会过于浮躁。

　　我们决定让孩子练钢琴，主要是因为在乐器方面，钢琴较为普及，也最为基础。学好钢琴，不仅有助于识谱和辨音，也有助于掌握节奏，还能迁移到其他乐器或者音乐欣赏。关于启蒙老师的选择，我们认为不要过分看重名气，而是要看教学有没有耐心，是否掌握一点儿童心理学，有没有办法激励孩子。

纵观人类发展史，实用与审美此消彼长，科学再发达也不能取代艺术。康定斯基说，一个人内心没有音乐，他的精神世界将是黑暗的。乔布斯的成功，是感性的成功，审美的成功，我们希望孩子幸福，而艺术是幸福的重要源泉。

孩子有时路上会学着"作曲"，自己哼几声，阿姨听了说好听。我们认为这正是学习钢琴的意义，增加生活的乐趣和个人修养，还能与他人分享快乐。尽管也有考级、拿证书的考虑，但我们不想单纯为了证书而学习。

在练习钢琴的同时，给孩子补充些音乐欣赏，尤为必要。建议平时收集一些钢琴曲，在吃饭和休息时，随机播放一二。有时开车路上也可以听一听，给孩子磨磨耳朵，听音乐是最能一心二用的活动，可以一举多得。

除了音乐，我们也带孩子练习过几次书法，发现孩子不大坐得住，也学过绘画，但找的老师教学理念和方法都有些问题，没有再继续。由于武术训练花费时间较多，后来就没有刻意学其他。不过，即使因各种原因不得不放弃艺术专业学习，我们想艺术欣赏还是应当保持。

清代李渔修一座凉亭，许多人赞助，"土豪金"李富贵出钱最多。等考虑凉亭冠名时，李渔说"且停亭"，"土豪金"说"还停停什么，我早想好了，就叫富贵亭"，李渔说，我不是已经说了吗，叫"且停亭"。随后，李渔吟出一副对联：名乎利乎道路奔波肠碌碌，来者往者溪山清静且停停。吴冠中先生说，美盲是绝症，我们不希望孩子罹患此症。

2015.08.27（5岁5月）

在成都玩的时候，爸爸约他朋友李叔叔见面聊聊。可是爸爸导航把"蜀景轩"导成了"蜀锦轩"，结果走错了地方。我对妈妈说，你这个老公不行啊，虽然"聪明绝顶"，好多次我玩玩具遇到困难，都是他解决的，但是记忆力不行。

2016.03.10（5岁11月）

前天幼儿园组织去附近小学参观，每个人准备几个问题去问小哥哥和小姐姐，我和一个小姐姐谈得很开心，我问了她三个问题：一、小学一堂课多长时间？姐姐说是40分钟；二、小学为什么不睡午觉？姐姐说，因为没有床，中午还有很多作业；三、小学下课后小便喝水时间够不够？姐姐说，有时够，有时不够。

2016.04.01（6岁）

前天早晨，妈妈看书《无条件养育》，我问妈妈，你在看什么，妈妈说是无条件养育，我说，没有条件不要紧，我们相依为命吧！

第五根桩

交往

交往是帮助孩子认识自我、建构自我的重要途径。童年时代，父母对孩子的影响比较大，青少年时期以后，周围同伴、朋友的作用则开始凸显。如果一个孩子表现出拘谨、胆怯、害羞、孤僻、退缩、偏执、任性，或者自我中心、难以合作、主动攻击等行为，多半是其日常交往出了问题，忽视孩子的交往需求和交往能力的培养，不仅会直接妨碍其智力发展、自我认知，严重情况下还会导致各种心理问题。

　　中国孩子很多是独生子女，他们带着天生的孤独和情感负担来到这个世界。身处互联网时代，一方面对个性化、存在感的要求特别高，另一方面很容易沉迷于虚拟世界，现实感越来越弱。这种情况下，父母比以往任何时候都要更加重视孩子的交往，需要帮助孩子选择适当的交往对象和交往方式，培养他们独立交往的意识和能力。

　　人是环境的产物，有一个通俗理论，一个人的水平大约是他与之交往最多的五个人水平的平均值，就像只有下水才能学会游泳一样，孩子学习交往，必须在群体中进行。只有在与他人的接触中，孩子才能学会沟通、尊重、分享、关心，只有在共同学习、生活、游戏中，他们才能勇于担当、乐于协作、善于克制、臻于理解，父母爱孩子，一定不能忽视这一点。"人生得一知己足矣，斯世当以同怀视之"，让孩子从童年时代开始，通过良好交往多结交几个知心朋友，对他一生都具有重要意义。

沟通

　　侃（薛侃）去花间草，因曰："天地间何善难培，恶难去？"……先生曰："天地生意，花草一般，何曾有善恶之分？子欲观花，则以花为善以草为恶，如欲用草时，复以草为善矣。此等善恶皆由汝心好恶所生，故知是错。"……"无善无恶者理之静，有善有恶者气之动。不动于气即无善无恶，是谓至善。"……"草有妨碍，理亦宜去，去之而已；偶未即去，亦不累心。若着了一分意思，即心体便有贻累，便有许多动气处。"曰："然则善恶全不在物？"曰："只在汝心，循理便是善，动气便是恶。"……

　　先生游南镇。一友指岩中花树问曰："天下无心外之物。如此花树，在深山中自开自落，于我心亦何相关？"先生曰："你未看此花时，此花与汝心同归于寂，你来看此花时，则此花颜色一时明白起来，便知此花不在你心外。"

《传习录》，[明]王阳明著
江苏古籍出版社2001年版

🕐 2013.04.27

😊 3岁1月

　　昨天晚上爸爸带我去转台骑三轮车，我现在骑三轮车已经非常娴熟。转台上有好几个小朋友，在我骑车时，小石头总是纠缠我，挡在我的车头前面。我大声叫爸爸，爸爸让我对小石头说，小石头哥哥，请你不要挡在我前面，可是他不听。我掉转车头，想换个方向骑，可小石头还是缠上来，继续挡在我的前面。后来爸爸抱住小石头，我才骑走了。可是爸爸一松手，小石头又飞快地追了上来。小石头的爸爸正在打电话，没有空管他。我对小石头说，你要是在马路上，挡在汽车面前，会被压扁的，想用这个办法劝说小石头让开，可是他一声不吭，身子还是不动。旁边有个小姐姐为我打抱不平，骑着车冲过来，试图撞开小石头，并且责怪他不讲理。后来还是小石头爸爸打好电话，把他抱走了事。

🕐 2013.06.11

😊 3岁2月

　　昨晚我带着熊出没的枪去转台玩，看见小妹妹有一个呼啦圈，我就凑过去，在小妹妹前面玩枪，想和她交换玩呼啦圈。但小妹妹对枪不感兴趣，我不死心，又在小妹妹面前介绍熊出没的故事，还介绍枪哪里有电池，怎么发出声音。后来，我就开始玩呼啦圈了。

　　我们看重孩子沟通能力的培养，主要基于以下考虑：

　　第一，未来生活的需要。未来社会是机器驱逐人的时代，很多工作不再需要人力，这也是竞争加剧、普遍焦虑的原因之一。但在目前阶段，即使是反应最灵敏的机器，在表达情绪、人际沟通方面还是不能取代人类。我们的孩子如果要更好地生存、发展，需要学会沟通、懂得沟通、善于沟通才行。

　　第二，团结协作的需要。未来社会要想取得重大成就，需要依靠团队的力量。良好的沟通协调能力是团队协作核心要素之一，这不仅需要自身具有较高的素质，还需要对他人和世界的充分理解，以及对价值、意义、本质的内在体悟。善于沟通，能促进孩子其他多方面良好素质和品格的形成。

　　第三，规则平衡的需要。未来社会，竞争中需要团结互助，协作中需要保持自我，如何维护自身权益，又兼顾他人诉求，是一门高深学问。让孩子从小学习沟通，遇到困难不轻易退缩，产生纷争不情绪用事，在矛盾和争执中建立规则意识，熟悉规则内容，把握人际关系最佳尺度，有助于求同存异，实现帕累托最优（Pareto Optimality）。

　　孩子之间玩耍，难免遇到争执冲突的情况，我们的办法是尽量让孩子自己想办法解决。只要有效沟通，绝大多数问题都不成为问题。大人能不出面就不出面，除非孩子可能遭遇危险，或者矛盾升级可能导致情绪极大波动。另外，孩子自己期望得到的利益，尽量让孩子自己去争取，他们也更有成就感和自豪感，且增添了办法和经验。

🕐 2013.10.22

😊 3岁7月

　　昨天吃狮子头，我夹了一个在碗里。姥姥怕太烫，帮我夹成两半，我很生气，赌气地说：哼，我走了，不吃晚饭了！后来妈妈劝我回来，我把所有的狮子头都夹到自己的碗里。妈妈问，那我们吃什么呀，做人不能这么自私哟！再过一会儿，我分别把三个狮子头夹给了爸爸、妈妈和姥姥，妈妈说她的一份省给我吃，我又夹给了爸爸，说爸爸你多吃一个吧！

孩子毕竟是孩子，总会闹点情绪，使点性子，而理由在大人看来微不足道，甚至"可笑"。但是孩子往往是认真的，他们会"真"哭泣，"真"难过，这正是孩子纯真可贵的地方。遇到此类情况，我们通常是"半真半假"地和孩子开点玩笑，既不"上纲上线"，也不"放任自流"。如果遇到孩子一时转不过来"弯"，我们也不强求他立刻"低头认罪"，而是心平气和地引导、劝说。事实上，孩子们心地都非常善良，他们能够在大人的态度和平时的教导中体悟出自己行为的对错。只要给他们时间或者台阶，相信他们会妥善处理好。

　　同时要提醒的是，家里有老人，需要多做点工作。老人往往因为偏爱孩子，而包办太多，有些矛盾和纠纷可能是老人不正确的方式引起的，这时如果一味责怪孩子，是不公平的，孩子表面服从，内心也会反对，处理不当，孩子容易失去正确判断，甚至丧失自我。

🕐 <u>2015.10.18</u>

😊 <u>5岁7月</u>

　　武术训练结束，一个小朋友哭起来，原来没有人接她。我过去安慰她不要哭，让她去找老师。爸爸问我遇到这种情况会不会哭，我说不会哭。

🕐 <u>2015.12.11</u>

😊 <u>5岁8月</u>

　　爸爸手机坏了，修理过程中格式化，把备忘录都删除了，这些天他帮我记录的线索都没有了，爸爸挺伤心。我安慰他说不要紧，可以重新记录。我又说，你再等一等，也许会像我玩玩具一样，当时找不到，但是不知道哪一天玩具又冒了出来，奇迹会发生的！

🕐 <u>2016.07.10</u>

😊 <u>6岁3月</u>

　　我们去汪阿姨家里玩，中间我和小鱼哥哥出门，一会儿回来时我手里多了一个变形飞机的玩具。妈妈怪我向别人索要玩具，我说不是我自己要买的，是我向小鱼哥哥"介绍"，后来小鱼哥哥主动给我买的。妈妈说今后不允许向别人"介绍"玩具。

　　这里透露一个小"秘密"：每次遇到孩子说有趣的话，做有趣的事，我们都及时在手机备忘录中简单记下关键词，然后隔些时间集中整理为日记，不然这些人和事很快会忘记。这一次，很欣慰孩子对爸爸的安慰，而且用他的经验试图劝说爸爸宽心、耐心。如果孩子从小具备这样的意识和能力，长大以后一定能够和其他人很好相处。很多朋友多次说我们的孩子以后会是一个"暖男"，因为他比较善于沟通。每次出去玩，他都能和身边的大人小孩"打成一片"。有一次在地铁上，一个大姐姐坐在他旁边，不一会儿他们就熟悉了。孩子还装毛毛虫，把姐姐逗得哈哈大笑。又有一次，在九寨沟游玩，大巴车上几个小朋友争吵不已。我们孩子拿出 Ipad 让他们画沙画，很快他们就安静下来。我们力求让孩子通过良好的沟通，做一个受大家欢迎的人，不奢望"大成就"，但求有"微幸福"。

　　儿童天然喜欢玩具，尤其是男孩子，出门看见刀、枪、剑、飞机、变形金刚等，常常迈不动步。平常我们虽然也给他买一些，但是孩子往往"喜新厌旧"，玩具到手后不珍惜，见到新奇的又开始打主意。在此问题上经常产生矛盾和冲突，估计不少家庭也有类似情况。我们解决的办法是和孩子"约法三章"：玩具可以买，但是要适度，而且有条件。"天下没有免费的午餐"，所有购买玩具的花费都是爸爸妈妈辛苦工作换来的，孩子如果想要获得，也需要付出。例如弹琴好、练武术好、听故事认真、在幼儿园被老师表扬等，以此激励孩子，并避免无节制的索取。对于特别昂贵、超出家庭承受范围的则不予考虑。孩子真的想要，等长大自己赚钱了再说，我们没有义务"无限满足"他的欲望。

　　但是，新的冲突往往出现在带孩子聚会、游玩之际，因为这时有老人或者朋友在场。老人出于疼爱，朋友出于慷慨，常常"破坏"我们和孩子之间的约定。大庭广众之下，也不便过分苛责孩子，伤害他的自尊。但是如果放任不管，养成不良习惯，对他的成长又不利。例如，上面孩子"别有用心"地向大哥哥"介绍"玩具，有时拉着老人在玩具前面站着不走，而且多次发生这种情况。我们气急了也打过孩子几次，但是效果不好。后来我们商量，还是要靠制度和方法解决问题。一是出门前和老人反复交代，没有正当理由不予满足，有时"故意"拿走老人钱包，申明需要任何花费我们来支付。二是如果孩子违反约定，回来必须接受"惩罚"，如一个月之内不能再买任何玩具，扣除因为表现好而获得的星星（星星数量不足，会导致不能获得相应奖励），努力完成新的目标（如背诵1—2首古诗）。"惩罚"的办法应当和孩子商量而定，允许"讨价还价"，目的是以理服人，让孩子从内心认同并遵守。次数多了，孩子渐渐明白并接受约定，冲突也就迎刃而解了。

理解

　　《山乡巨变》一共画了三稿，第一次推翻，第二次又推翻，第三次才定下来。第一次画的稿本是有明暗的，画好以后，我自己也觉得我画的这个东西不像周立波同志的原著和在湖南农村所感受到的情调气氛。领导当然也通不过。于是我就再到湖南去，去了几天跑回来又画了一遍，还是不行，很苦。后来感到老是自己关起门来苦思冥想不行，于是看了些中国传统绘画，《清明上河图》、《明刊名山图》、《水浒叶子》等。从《清明上河图》里，我发现它的视平线在画的外面，是俯视的，看见的东西多，适合于线描表现。我原来用的视平线很低，仰视的，前面一个大人一挡，后面就没有东西了。又从陈老莲的画中学习他的衣纹处理，试着用白描的方法画了几张，请领导去看。虽然我算不得千里马，领导上确有伯乐的眼力，一看我几张铅笔稿马上就肯定下来了。说你就照这个路子画，这样画对头了。

　　后来我才懂得连环画表现一个文学作品，除了表现主题思想、人物思想感情以外，还要表现一种感觉：就是说你用什么样的艺术语言，能不能充分表现你对该作品的感觉。

《贺友直说画》，贺友直著
上海人民美术出版社2008年版

🕐 2014.03.04

😊 3岁11月

　　我唱在幼儿园学的儿歌给爸爸妈妈听，"爸妈总是对我说，爸爸妈妈最爱我，可我总是搞不懂，爱是什么"。妈妈听了，问我爱究竟是什么？我就拉着妈妈，吻她的脸。

🕐 2015.02.23

😊 4岁11月

　　情人节那天，妈妈带我去看电影，爸爸一个人在家。妈妈问我，平时你老惹事，爸爸挺烦你，这会儿你猜他会想你吗，我说爸爸会想我。我一回家，就问爸爸，你在家想我吗，爸爸说想。我对妈妈说，你看，虽然我调皮，可是爸爸还是想我。

🕐 2015.04.14

😊 5岁1月

　　今天在幼儿园，要求我们学做妈妈，每人腰上绑一个两三斤的米袋子。有个小朋友不肯绑，哭了半天。我一点也没有哭，妈妈问我为什么，我说因为做妈妈很辛苦的！

关于理解，我们希望孩子能够做到：

首先，是理解父母。知道父母对自己的爱，知道父母工作的不容易，知道父母养育自己的辛苦和付出，知道父母的情绪和变化。由父母推及身边的亲人，体察理解他们的喜怒哀乐。

其次，是理解同伴。作为同龄人，知道同伴和自己一样有喜好。自己喜欢的对方也可能喜欢，自己讨厌的对方也可能讨厌，好玩的玩具，好吃的食物，对方也想拥有，有趣的游戏，对方也想参与。在和同伴的交往中，懂得合作，乐于分享，学会适当的克制和忍耐。

再次，是理解世界。随着身体的发育，心智的成熟，知识的积累，孩子能将在亲人和同伴那里获得的理解力迁移到世间万物，知道人仅仅是世间微小的存在，所有动植物都需要尊重和爱护，人和世界应当和谐共处，共生共荣，学会敬畏，学会接纳，学会奉献。

孩子因年幼，对于较为抽象、复杂的概念，难以说清具体含义，可以鼓励其使用肢体语言，或者加以诗性描述。亚里士多德说"诗比历史更真实"，有时肢体语言的效果更佳。对于孩子暂时不能理解大人的情绪，不要过分求全责备。有一句话非常好：年轻时，往往互相了解，但不理解；成年后，往往互相理解，但不了解。只有深入了解，才会更加理解，而孩子限于经验、知识、学识、阅历，有时无法达到较高的层次。

提高孩子的理解能力，不妨搞点"小动作"。幼儿园让孩子绑个米袋子，是个不错的体验。所谓感同身受，没有切身的体验，往往很难理解对方。

🕐 2016.01.22

😊 5岁10月

　　这几天大寒，我照样去武术训练。结束时看见爸爸已经来接我，我有些不高兴，爸爸问为什么？我说我不想说，那是个小秘密。后来爸爸又悄悄问我，究竟为什么，我说我想自己穿好衣服，给你一个惊喜。过了一会儿爸爸又问，如果爸爸没有及时过来，这时有另外的陌生人，说是爸爸有事不能来，请他来接你回家，你跟不跟着走呀，我说跟着走。爸爸说不能呀，其他人来接，你怎么知道他是不是说谎，是不是骗子，千万不要跟他走。这就是爸爸提前一点来接你的原因，因为你还小，怕出意外。

🕐 2016.01.25

😊 5岁10月

　　这几天下雪，天气很冷。爸爸告诉我，虽然天这么冷，可是有人依然坚持在室外工作，比如搬运公共自行车的人，还有打扫马路的人。人要能克服困难，不怕冷。

理解的本质是防止自我中心主义，排除个人的"傲慢与偏见"，学会换位思考，摘掉"有色眼镜"（有形和无形）。只有理解，才会懂得，只有懂得，才会慈悲。理解他人，才能更好地和他人合作，理解世界，才能更好地融入世界。

平时要和孩子做朋友，了解他们准确的想法，不能表面化地判断和简单责怪。同时，积极引导孩子从对方、他人的角度看问题、想事情。上述案例中，爸爸后来继续和孩子交流，告诉孩子只有爸爸妈妈和专门请的阿姨来接他，才能跟着走，其他任何人都不能跟着走。即使有人当着他的面打电话给爸爸，说爸爸请他接的，也不能走，因为电话中的"爸爸"也许是别人假装的，除非请吴教练核实以后同意才可以走。

在我们引导之下，孩子不仅情绪很快得到平息，而且不再纠缠于原先的狭隘想法，马上转换到新的更现实的问题上来，并且有了更为恰当的判断和应对，我们自感还是比较成功的。

人们常说"理解万岁"，"万岁"是很难的事情，可见互相理解之不容易。基辛格说，如果你知道我知道的内容，你掌握我掌握的信息，你会完全同意我的看法。这个社会，很多的分歧、冲突、矛盾，都缘起于互相不理解，"每个人都活在自己的道理之中"。当大家都有道理的时候，其实也可以说大家都没有道理。只有必要的妥协，才能达成利益的最大化，维系社会的和平与安宁。

从这一角度出发，我们经常注意培养孩子对他人、社会、父母的理解。由于是独生子女，孩子很容易在心理和行为上出现唯我独尊，有的家庭不恰当的想法和做法也助长了孩子的自高自大。如果小时候形成这种意识，长大后要纠正会很困难。需要在孩子人生观、世界观形成之初，引导他们多从他人立场和角度看问题。

这种转换，需要特定的契机，特殊的节点，特别的场合，父母要善于捕捉机会。

记得幼儿园上学的最后一天，孩子妈妈在家长中发动组织了一次告别会，孩子爸爸作为代表发言，讲了三个方面，一是感谢老师们安排了丰富多彩的学习生活，二是感谢老师们无微不至的关心照顾，三是感谢老师们为孩子人生铺设爱的底色。孩子爸爸说当孩子以后遇到社会中的普遍漠然时，会更加深刻体会到幼儿园老师们爱的珍贵，家长和孩子听了都很感动，三位老师都哭了。

尊重

　　某次有位朋友远道而来，他心仪罗尔斯已久，意欲随我去旁听。波士顿初秋的下午，夕阳斜照，有点暖意，最适合听哲学讲演。罗尔斯那天很卖力地论述他对康德哲学的解释，意在反驳二十世纪"功利主义"的大师穆尔（G.E.Moor）的论点，真是毕生罕见的世纪大对决。罗尔斯讲到紧要处，适巧阳光从窗外斜射进来，照在他身上，顿时万丈光芒，衬托出一幅圣者图像，十分炫眼。……

　　学期结束，罗尔斯教授讲完最后一堂课，谦称课堂所谈全属个人偏见，希望大家能做独立思考，自己下判断。语毕，走下讲台。全部学生立即鼓掌，向他致谢。罗尔斯教授本来就有点内向害羞，频频挥手，快步走出讲堂。可是在他走出后许久，掌声依然不衰，冬天拍手是件苦差事，我的双手又红又痛，问了旁边的美国同学到底还要拍多久，他答说："让罗尔斯教授在遥远的地方还可以听到为止。"

《哈佛琐记》（增订版），吴咏慧著
中华书局2009年版

🕐 2013.05.05
😊 3岁1月

　　今天上午我和喵喵、都都、瑞瑞、浩浩、文文在宝船公园一起玩。瑞瑞要骑我的车子，我不肯，不过喵喵要骑我车，我就给他骑了。妈妈问为什么，我说瑞瑞骑走车子，我想要回来的时候，他总是不肯还给我，喵喵不一样，我想要时他就给我。

🕐 2013.05.08
😊 3岁1月

　　我骑车把瑞瑞撞倒了，爸爸让我道歉我不肯。后来妈妈问我为什么，我说因为他挡住我的道路。妈妈告诉我，人的脑袋后面不长眼睛，不可能看见后面的情况。以后我要别人让路，可以大声说一下：对不起，我来了，请让一下路好吗！

尊重与年龄、学识、地位、成就、胸怀、人格魅力等因素无关，可以因为上述因素决定尊重的程度，但尊重本身应当撇清这些关联。尊重与其说来自对方，不如说发源自我，是自身的修养体现，是作为现代社会文明人的应然要求。

如何让孩子学会尊重？我们建议：

第一，首先要尊重孩子。一是从孩子身心阶段的特点出发，对孩子提出切合实际的要求，既不拔高，也不降低。二是尊重孩子作为独立个体的人格和选择，不包办代替，不强词夺理，不以势压人。三是关注细节，如不随便处理孩子的个人物品，处理前征得孩子的同意；对孩子适当"容错"，尊重孩子的隐私，不要求孩子标准化、透明化；认真倾听孩子说话，不随意打断；尊重孩子的所有想法，即使觉得不切实际、离谱，也不要轻易否定。

其次，尊重从亲人开始。所谓亲人，或者有血缘关系，或者有法定联系，彼此了解，知根知底，大多朝夕相处，没有陌生感。但是，正因为太亲近，最容易被无意伤害，且伤害了可能感觉没有关系，其实不对。即便最亲近的人之间，也应当保持必要的距离。有位父亲说，他的孩子进其办公室，每次都需敲门请示，我们认为是很正确的做法。

第三，尊重从基本礼仪开始。问好、道歉、辞别、鞠躬等都是尊重他人的重要体现，不要因为孩子小而放松这些仪式性要求。当孩子不经意间表现出礼貌的言行举止时，家长要不失时机地给予肯定和赞美，以进一步强化孩子的彬彬有礼。长此以往，孩子就容易习惯成自然，把尊重内化于心。

孩子最容易在同伴交往中学会尊重。要让孩子明白，尊重他人就是不故意伤害，不有意贬低，对同伴的习惯、喜好等不横加干涉，再大一些，学会认可他人独立人格、存在价值、宗教信仰等。当然，如果对方不友好，也可持对等原则降低对其的"待遇"。父母要善于了解孩子内心真实想法，帮助孩子分析其中道理。小道理有时要服从大道理，有时各自都有道理，还要看哪个道理更合理。

体谅

由于大部分代表来之前没有制宪的思想准备，无法直接接受麦迪逊等人提案，他们首先要花时间消化弗吉尼亚（和其他各州）的提案，接下来便是没完没了的讨价还价，整个会议充斥着唇枪舌剑。德高望重的华盛顿虽然被大家选为制宪会议的主席，但是笨嘴拙舌的他很少发言，也无法控制会议的讨论。……

制宪的纷争非常多，以至于会议从初夏一直开到秋天（9月17日）。费城在夏天颇为炎热潮湿，当时不仅没有空调，连电风扇都没有，戴着假发的代表们因为怕窗外的蚊虫，只好关着门窗满头大汗地开会。在会上，很多代表最初的想法后来被改得面目全非了。面对这样一个修修改改的结果，当时华盛顿对这部宪法能否维持20年都表示怀疑。但是美国的宪法至今没有做太大的改动，而且还被认为是全世界最好、最权威的一部宪法，因为它是照顾了各方利益相互妥协的结果，在很多方面它虽然不是最好的，但却是可以接受的。

《文明之光》，吴军著
人民邮电出版社2014年版

🕐 <u>2013.03.10</u>

😊 <u>2岁11月</u>

　　我出门要和妈妈一起走。爸爸说我们先走吧，我说不，我要等妈妈，因为妈妈一个人留在家里会孤单的。妈妈说姥姥在家也会孤单，怎么办，我说，那就也带姥姥出去吧！

🕐 <u>2014.02.16</u>

😊 <u>3岁11月</u>

　　前天，爸爸进房间走得比较急，撞在门框上，我连忙提醒爸爸：你撞到门了。爸爸问我心疼不心疼，我说不心疼，爸爸问我为什么，我说因为是你自己不小心撞的，和我没关系，所以我不心疼。

🕐 <u>2015.04.08</u>

😊 <u>5岁</u>

　　大前天，我从钢琴老师家出来时，妈妈把我一本钢琴书掉在地上。我对妈妈说，你拿的东西多，共有四本书，我拿的东西少，只有一个玩具，书掉在地上不怪你。

体谅，是指能够设身处地替别人着想，为别人考虑。

体谅需增人生阅历。《晋书·惠帝纪》记载：帝尝在华林园，闻虾蟆声，谓左右曰："此鸣者为官乎？为私乎？"或对曰："在官地为官，在私地为私。"及天下荒乱，百姓饿死，帝曰："何不食肉糜？""夏虫不可以语冰"，我们固然可以批评晋惠帝昏聩愚痴，但是客观方面，缺乏必要的经历和经验，也容易导致隔阂与误解。对于孩子而言，学会体谅的前提是丰富人生的阅历。

体谅需待心智发展。美国麻省理工教授曾经做过一个实验短剧：玛丽把弹珠藏在篮子里，走出房间后，安妮进来背着玛丽将弹珠取出藏到旁边盒子里，然后询问看短剧的孩子：玛丽回到房间，会到哪里找弹珠？结果4岁以上的孩子会回答：应该还到篮子里找弹珠，而4岁以下的孩子则回答，会到旁边盒子里找弹珠。这个实验说明，孩子越幼小，越容易沉浸在自己的世界，难以从他人角度判断和思考问题。

体谅需要真诚相待。替别人着想和考虑，不仅需要理智，更需要情感，尤其是对孩子提出此要求，因为孩子的理性发展有所滞后。家庭内外，工作之中，父母敬重长辈，夫妻相敬如宾，对待亲朋好友和和气气，怀着真诚的心面对生活，处理关系，都是对孩子良好的暗示和启发，孩子耳濡目染，当然会上行下效。

我们的孩子体谅父母的能力在4岁之前有所反复，有时特别"善解人意"，有时又显得"不近人情"。不过，5岁以后渐渐稳定，甚至相当"体贴可人"。孩子的很多品行有待心智逐渐成熟，作为父母始终要有足够的耐心才行。

孩子年龄渐长，体谅的能力明显提高。因此，对孩子要有期待。

爱能促进体谅。孩子对于父母如果具有发自内心的爱，更会体谅父母的艰难，懂得照顾人，能够感同身受，替父母"解嘲"，尊重和认可父母的付出。生活中多给孩子关爱（排除溺爱，溺爱不是真爱），他们一定会用适当的方式回馈父母。

实验也能促进体谅。幼儿园的时候，有一天老师布置一项任务，让每个孩子随身带一个蛋宝宝，看看到放学时是否完整，结果连我们孩子在内，班级十多个孩子的蛋破了，孩子回来颇有些伤感。

孩子的内心都很丰富，都蕴藏着善的种子，父母要善于发掘，通过巧妙的方法有意识引导孩子体谅他人和世界。

克制

　　程砚秋学戏可比梅兰芳苦多了，他也不具备梅兰芳响遏行云的金嗓子，但凭着自身条件、勤奋刻苦以及高人指点，硬是创出了一种大异于梅兰芳，却又能与之相抗衡的以新奇声腔为特点的表演风格。唱到情感至深处，其声竟细若游丝。观众聆听，大气都不敢喘。这是他声腔艺术最讲究的地方，也无人能及。故而梅、程之间彼此颉颃，关系就颇为微妙了。……

　　梅兰芳有富贵气，程砚秋有书卷气，一个得于天赋，一个纯恃人功，各臻极致。梅、程之间尽管激烈竞争，彼此一争高下，却都是不露声色，不动肝火，一副温良恭俭。举个例子吧！1933年11月11日，移居上海的梅兰芳四十大寿。程砚秋特往拜寿，行叩头大礼，见者均叹未偿忘本。明明是打对台的人，却绝不伤和气。今儿晚上唱戏是两军对垒，各不相让。明儿中午见了礼数依旧。在这举动里面包含着道德信条，江湖规矩，人情世故以及个人修养。

《伶人往事》，章诒和著

湖南文艺出版社2006年版

🕐 2013.08.13

😊 3岁5月

　　妈妈带我去吃晚饭，我要吃水饺，妈妈要吃凉拌面。我对妈妈说，那我听你的吧！

🕐 2015.09.16

😊 5岁6月

　　周日我去川川家里玩，我很喜欢他家一辆红色玩具赛车。那辆车的充电方式很特别，充一次电可以玩很长时间。川川说给我带走玩，他爸爸也同意。不过我爸爸不同意，说我每次去人家都拿东西不好，我们又没有什么东西给对方，哪怕对方同意也不行。

🕐 2015.10.09

😊 5岁6月

　　昨天放学回来，妈妈看我情绪不高，问我为什么，我不肯说。后来再问，我才说了。原来昨天班级选举，选各自认为的好孩子，没有人投我的票。妈妈问我投了谁的票，我说我投了曦曦。又问班级得票情况，最多的得了3票，还有2票、1票，妈妈和爸爸说没关系，以后努力。

人与人交往通常有三种情况：一种是损人利己，为了自身利益，导致他人或集体的损害；一种是损己利人，为了他人或集体的利益，舍弃自身所得，忍辱负重或接受不公平的待遇；一种是利人利己，既兼顾他人的需求，也让自身有所获得。日常生活中，比较理想的境界是利人利己，因为这样符合人之本性，能够持续长久。

　　但是，人生往往难以两全，在无法兼得共赢的情况下，我们希望孩子宁可损己利人，不可损人利己，这就需要一定的克制。比如上面"我"想吃水饺，但是放弃了，陪着妈妈吃面条；又如不随便拿别人的玩具，哪怕别人同意。"勿以善小而不为，勿以恶小而为之"，先让孩子从比较容易的事情做起。

　　有些情况下的损己利人，需要极大程度的克制，如为了某种理想、信念和集体主义而做出自我牺牲，要等到孩子成长到一定阶段，思想认识到一定高度才能做到。不过，只要平时养成善于自我克制的习惯，也就有了实现的基础。人生拘于小我终难成大义，总是限于眼前苟且，必难见诗意和远方。

🕐 **2013.03.31**

😊 **3岁**

今天上午爸爸妈妈带我去红山动物园玩。大约十点多钟，都都、阳阳、喵喵、源源、琪琪等也来了。我们先到猴山上看猴子，再去草地上野餐，我吃了不少都都的海苔、牛奶、妙脆角、小馒头。再后来看见两个小姐姐在卖吹肥皂泡的玩具，3元一个，5元两个。我围在小姐姐那边看了不走，后来都都妈妈买了4个，给我们大家玩。不过我不满足，爸爸又给我单独买了2个。回家后妈妈批评我，别的孩子两个人才玩一个，我索要得太多了！

🕐 **2015.03.10**

😊 **4岁11月**

昨天我武术训练，中途有个大哥哥看见我吃脆饼，问我好不好吃，我说好吃，他问我要一些，我给了他。今天我和大哥哥玩，可是他不理睬我，把我推在一边。我倒在了地上，可是我没有生气，还是乐呵呵地爬起来看大哥哥们玩。

我们理解的克制，主要有两种，一是延迟某种满足，二是抑控某种行为。

为什么要对孩子提出克制？一方面，现在孩子很容易获得。要吃的有吃的，要穿的有穿的，要用的有用的，因为得到比较容易，孩子往往不知珍惜。如果适当延迟满足他们的欲望，有时拒绝他们的过度要求，能帮助他们懂得来之不易，学会珍惜。另一方面，孩子未成年时期，人生观、世界观、价值观正在形成，让他们知道有些事情尽管有条件、有能力做，但是不可以做或者不适合做，能帮助他们形成正确的价值判断，不至于任性妄为。

针对延迟满足的克制，方法之一是"等一等"，不是马上答应孩子要求。比如夏天吃冰淇淋，对身体不是很好，但是要说一点不吃，也很难做到。每次遇到此类要求，可以让孩子等待几分钟。还有一个办法是平时多和孩子"约法三章"，凡所提要求，先问问凭什么？必须能够说得出一些硬道理才行。

针对行为抑控的克制，主要是从价值观出发，帮孩子辨别是非、对错、主次、轻重，让孩子明白，这个世界上凡事总有度。思想无边界，行为有禁区，"人生而自由，却无往不在枷锁之中"（卢梭语）。无论是作为孩子，还是大人，行为都要受到各种因素的制约。

如何培养孩子的克制？我们建议：

第一，营造相对宽松的氛围。父母自己乐观开朗，善于克制，夫妻之间互相理解，相互体谅，平时尊重孩子的感受，孩子有足够的安全感，就不会因为急于获得而克制不住自己，因为孩子急于获得往往是害怕失去。

第二，和孩子一起制定规范。帮孩子分析各种需求的合理性和正当性，理直气壮地拒绝孩子的不正当要求。可以和同龄人的良好言行进行对比，对孩子更有说服力。当然，规范需要提前讲明，不宜事后诸葛亮。

第三，让孩子多和同伴交往。在与同伴的游戏、互动中，让孩子体会先后、主从、个人与集体的关系，认识到每个人都有需求，不可能同时满足，需要一定程度约束自我，必要时个人服从集体的需要。

最后，教给孩子调节的方法。孩子在克制的过程中，难免会产生郁闷、不安、痛苦的情绪，有时可以冷处理，不急于回应孩子，也可以用适当方式转移他们的注意力。

协同

举个例子，美国航空航天局十几年前发现自己举一国之力去搞航天飞机都搞不定……开放以后，一批民间航空公司就起来了，现在最出名的就是美国太空探索技术公司（SpaceX），它的主营业务就是运载火箭。美国航空航天局都搞不成航天飞机，可见里面有多么精密。但是，我们投了一家公司，今年就会试飞。这家公司有多少人呢？ 110人。110人怎么搞得成这么复杂的东西？道理很简单，大量协同。

这家公司的负责人给我举了一个例子，我就明白了它的协同复杂度到了什么程度。他说，航天飞机的起落架不能用普通民航机的起落架设计，因为民航的起落架是侧收，就是向里收或者是向前收的。向前收的好处是：下降的时候，一旦起落架打开不完善，还可以通过摩擦力把起落架向后拉直，这样就能够把它完全打开了。但是，战斗机不行，因为战斗机速度太快了，向前收是收不上去的，只能向后收。航天飞机和战斗机一样速度快，也只能向后收，所以起落架就得找战斗机起落架的设计公司，真有这样的公司吗？真有。美国有一家公司只干一件事，就是设计战斗机的起落架。就得有做得这么细的协同伙伴，才能把航天飞机攒出来。要不然，每个领域都要自己摸成专家，估计100年后也搞不出来。（王煜全《认知升级与摆脱窘境》）

《我懂得你的知识焦虑》，罗振宇等著

中国友谊出版公司2017年版

2014.07.14

4岁4月

这两天我新认识了 Jerry 和叶叶，Jerry 不喜欢叶叶，使劲拽住我衣服，不让我和叶叶玩。我却不认为叶叶坏。后来在我的努力下，他们两个也在一起玩了。我一只手拉着一个，我们三人手拉手玩得很开心。

2015.10.13

5岁7月

昨天晚上弹琴，有个升 F，我不肯弹。我说这个弹升键（黑键），不就和另一只手的降 C 一样了吗，爸爸没有听懂我的意思。后来又有一首曲子，爸爸把 A 看成了 B，我说老师说应该弹 A 呀。爸爸和我争执了好一会儿，才发现他错了。我说我们不要吵架，爸爸说我们不是吵架，是讨论。我说等周日去周老师那里问问，也许是你对，也许是我对。我还说爸爸不仅眼睛不太好，脑子也不太好了。

孩子之间相处，经常发生"朋友的朋友不是朋友"的现象。如果孩子能够协调各方，让更多孩子融入活动圈子，不失为一种锻炼交往的方式。只有在群体中学会协同相处，才是真正的社会化。

父母与孩子相处之中，也存在协同的问题。在亲子教育理念上，是坚持"严父出孝子"，对孩子越严厉越好，还是适当时候可以向孩子示弱、妥协，"睁一只眼闭一只眼"，这方面仁者见仁、智者见智，不同家庭认识有分歧。不过，我们认为父母并非总是正确，孩子并非总是错误，应当把双方看作平等主体，不以嗓门决定对错高下。

再延伸一点讲，康德提出一个哲学概念"二律背反"，指对同一个对象或问题所形成的两种理论或学说虽然各自成立，但是却相互冲突、相互矛盾。我们认为在孩子教育上也有"二律背反"，并非所有教育问题的答案都泾渭分明，同样存在彼此矛盾的做法都有道理的情况。教育过程经常伴随各种"坚守与背离"，是选择"坚守"还是"背离"，是保持相对性，还是坚持绝对性，需要谨慎对待与充分探讨。

🕐 2013.05.25

😊 3岁2月

　　昨天在转台，我和萱萱打篮球。文文骑车过来，我不小心碰倒了他的车，他摔倒在地，本来不哭，后来看见我爸爸妈妈大声责怪我，要我道歉时，他就哭了起来。我不肯道歉，米娜在旁边帮我说话：我们在投篮，文文你应该离远一点才对。

🕐 2014.02.16

😊 3岁11月

　　上周六下午从托儿所回来，姥姥看见我脸上有哭过的痕迹，慢慢"盘问"我是怎么回事。一开始我不说，后来我告诉她我在托儿所用枪打另一个小朋友，把小朋友打哭了。老师批评了我，"拍"了我一个"毛栗子"。妈妈回来，姥姥告诉了妈妈，妈妈问清楚了情况，告诉我以后不能打其他小朋友。我答应了，并让妈妈不要把这件事告诉爸爸。

科学研究表明，自然界和人类社会普遍存在既有序又无序的现象。一定的条件下，有序和无序之间会相互转化，无序就是混沌，有序就是协同。协同现象存在于宇宙间一切领域，世界没有协同，人类难以生存，生产无法进行，社会不能发展。系统缺乏协同，将发挥不了整体性功能而导致瓦解。相反，如果系统中各要素能很好配合、协同，就能形成超越原各自功能总和的新功能。

　　我们所说的协同，是指孩子与他人团结协作，互相配合，达成一致，在此过程中需要一定的坚持、主导、妥协与折中。孩子只有与外界充分交往，才能探索建立自己的立场、观点和价值论。一方面，要鼓励"求同"。一个孩子能够和不同性格、爱好、秉性的孩子"融"到一起，以后走上社会，适应性会比较强，也容易得到他人支持。如果一个孩子老是和其他孩子"隔"，爱唱反调，我行我素，不愿合作，玩不到一块，父母需要给予关注。若没有实质性的矛盾和分歧，应当要求孩子做出调整。

　　另一方面，不排除"存异"。子曰"君子周而不比，小人比而不周"，是要我们既能合群，又不乱搞小圈子。要求孩子与外界和谐、和睦、和顺，不等于没有原则，乱讲义气，盲从跟风，随意附和，应当有独立的判断和是非标准。遇到分歧和冲突，要让孩子自己恰当应对，包括必要的退让和妥协，寻求各方能够接受的平衡。但是，任何让步都有限度，"独"也是人生的正常状态，不能因畏惧"独"而放弃原则，轻易改变立场。

　　不要害怕孩子之间发生冲突。有些家长一听到孩子和别人发生矛盾就发火，认为孩子制造了麻烦，惹是生非，不听话，不乖，其实不必。孩子调皮，彼此之间闹点事情，是很正常的，严重一点打破头的也有。不主张孩子惹事，但也不宜要求孩子一点不出事。

　　发生争执，应问明原因，帮助孩子分析对错。既从自身找原因，也正确对待对方的过失。如果是自身的过错，事情发生后，过多责备无益。可以给孩子一些积极的补救建议，包括选择小礼物送给对方作为补偿，重点在预防再次发生上多花点心思。

孩子发生争执、攻击，大人习惯上会让孩子马上道歉。特别是对方家长也在场，有时对方家长恰巧是同事、邻居或者好友的时候，出于过场子、下台阶的考虑，往往把道歉作为安慰、化解的手段，乃至自己大度的标识。不过，我们认为应当区分孩子和大人的世界，不刻意为之，歉意应当来自内在的真诚，以及孩子本人的认同，有时不妨听听见证现场争执小朋友的意见。

担当

唯有真实的苦难，才能驱除浪漫蒂克的幻想的苦难；唯有看到克服苦难的壮烈的悲剧，才能帮助我们担受残酷的命运；唯有抱着"我不入地狱谁入地狱"的精神，才能挽救一个萎靡而自私的民族：这是我十五年前初次读到本书时所得的教训。

不经过战斗的舍弃是虚伪的，不经劫难磨炼的超脱是轻佻的，逃避现实的明哲是卑怯的；中庸，苟且，小智小慧，是我们的致命伤：这是我十五年来与日俱增的信念。而这一切都由于贝多芬的启示。

我不敢把这样的启示自秘，所以十年前就逐译了本书。现在阴霾遮蔽了整个天空，我们比任何时候都更需要精神的支持，比任何时候都更需要坚忍、奋斗、敢于向神明挑战的大勇主义。现在，当初生的音乐界只知训练手的技巧，而忘记了培养心灵的神圣工作的时候，这部《贝多芬传》对读者该有更深刻的意义。

《巨人三传》，罗曼·罗兰著，傅雷译

安徽文艺出版社1989年版

🕐 2015.01.05

😊 4岁9月

　　我们在路边停车，一辆出租车从后面撞了我们一下。爸爸下车和他们理论，我问妈妈，爸爸是在吵架吗？妈妈说不是在吵架，是在讨论谁的责任。第二天一大早，我和爸妈都到了快速理赔中心，交警看过以后说我们没有责任，是对方全责。

🕐 2015.11.11

😊 5岁7月

　　早晨，我们班级升旗，需要早些到校。爸爸批评我吃饭时拖拉、摸玩具，打了我两下。晚上爸爸问我早晨为什么被批评，我说因为我把米粒掉到桌上。再问，我说因为动作比较慢，就是不说玩玩具的事情。爸爸告诉了妈妈，妈妈说我心里其实清楚。

🕐 2016.01.25

😊 5岁10月

　　昨天爸爸发现壁橱里都是水。因为冬天，外墙壁很冷，室内暖和，内橱壁上就凝结了水，像冬天室内窗户上出现水汽一样。爸爸喊我过去看一看，我连忙说，不是我弄的，我根本没有到这里来玩过。

我们自驾车以来，至今没有发生过主责的事故。上面所记的撞车，摩擦很小，损失不大，本来希望能够现场和解，因为第二天我们还有外出安排，可是对方不愿意。之所以让孩子全程参与理赔过程，是想告诉孩子，担当不是委曲求全。不是自身的责任，应当理直气壮地拒绝，要勇于维护自身合法权益。

批评孩子有艺术。我们主张，重点看孩子内心是否认同我们的批评，而不必过分强调口头的"臣服""招认"。有些孩子性格温和，犯了错会主动承认，有些孩子性格倔强，即使心里知道，嘴上也不愿讲，硬逼着"认错""签字画押"，并不是最佳选择。可以给孩子留点"面子"，或者暗地里帮他们找点"台阶"，不必非要强求"小葱拌豆腐，一清二白"。当然，不是孩子的责任，千万不能冤枉孩子。

🕐 <u>2013.03.31</u>

😊 <u>3岁</u>

晚上爸爸带我去转台散步，我不小心摔了一跤。我对爸爸说，是这个地方摔倒我的，你打它吧！爸爸说，是你自己不小心摔倒的，为什么要怪别人呢！

🕐 <u>2013.06.19</u>

😊 <u>3岁3月</u>

前天爸爸带我做雾化回来，自行车碰倒在地上。爸爸责怪我，我说，爸爸，车子是你自己碰倒的，不是我碰的，不是我的错，和我没有关系。

🕐 <u>2014.12.29</u>

😊 <u>4岁9月</u>

上周四，爸爸妈妈要带我去超市，我不愿去。以前他们总是说我表现不好就不带我出去，我那时一听就害怕了，可是现在我反而更愿意待在家里。爸爸后来说，我们家里缺卫生纸，我是家庭成员之一，有义务一起去买，不然就没有纸用，后来硬把我拖到超市。

我们理解的孩子"成长"，一是自己的事情能自己做，二是自己的责任能自己扛，三是别人的事情能帮上忙。做到第一点，代表着他基本能够独立学习生活，不再需要父母的扶助支撑。做到第二点，代表着他遇到困难、矛盾、挫折，能够主动想办法克服，而不是逃避退缩，怨天尤人。做到第三点，代表着他不仅能对自己负责，还能对他人和社会负责。其中第二点，承担自己应尽的义务和责任，即我们所期望的担当（这仅仅是对孩子而言狭义层面的担当，广义层面的担当还包括责任界限不清晰、相关人推诿扯皮的时候，主动出来扛事）。

现代社会，一个人要想做成一点事情，必须能有所担当。通常人都有推卸责任的本能，更不用说处在成长期的孩子。怕父母老师责备，怕失去心仪的玩具，怕被别人看不起，都可能让他们选择畏缩、逃离。这不代表他们道德低下，也不代表他们规避责任，仅仅是因为他们还不够成熟，需要父母的引导和教化，帮助他们正视问题，矫正不当言行。

孩子不敢担当，有个重要原因是他们不能判断后果的严重程度，而深层次的原因又可能在于缺乏足够的安全感。如果父母在平时能够让孩子懂得：承认错误不可怕，父母会帮助自己，和自己一起渡过难关，那么孩子的勇气会倍增。如果父母对孩子平常过于严苛，孩子潜意识里存在"如果我承认，后果会不堪设想"的念头，他们遇事当然会千方百计撒谎、推卸，虽能让自己一时免于受罚，但长期来看害莫大焉。

也有一种情况，父母对孩子的事情经常大包大揽，凡事由家长说了算，孩子只有听话、顺从的份儿，那么每当遇到事情，孩子就会下意识地依赖父母，想着让父母来做出决定，也因此由父母承担责任，而意识不到其实是自身的问题。甚至还有一种情况，父母本身遇事就不敢担当、不愿担当，孩子当然也很难有所担当。

因此，一方面家长的心态和做法要调整。既不要过于急躁，认为孩子怎么小小年纪就学会了撒谎，也不要抱着无所谓的态度，觉得孩子还小，认为"车到山前必有路，船到桥头自然直"而听之任之；另一方面父母要以身作则，言传身教。自身遇事要能担当，才能对孩子潜移默化地产生积极影响。同时，给孩子足够的安全感，为孩子心灵提供栖息的港湾，帮孩子具备担当的心理和能力。

教育方面没有一成不变的东西。孩子成长了，教育的方式方法，乃至道理本身也要跟着变化。和孩子讲道理，道理本身要能说服人。孩子不愿出门，我们强调作为家庭成员，都有为家庭做贡献的义务，这种担当即使不愿意也要去做。孩子外出，我们经常给他"象征性"地背一个小背包，里面放一点水、食物、餐巾纸，这个包不太重，但是一定要有，而且一定要他自己背着，目的是提醒他自己的义务不能转移。

关切

　　1979年，大哥的右派问题终于得到彻底的平反，但过度的兴奋却让他发了脑溢血，被送到离家不远的鼓楼医院。检查结果出来，医生告诉我们只有百分之二十的希望。果不其然，第二天大哥就开始全身抽筋。这时有人提醒，救命的办法只有一条，就是马上开刀，而能动这个手术的，南京只有一位叫侯敬镐的医生。侯敬镐供职于南京省工人医院（现为江苏省人民医院）。我立马冲到外面，站在马路上拦车。正巧驶来一辆小汽车，我拦住车子说："叔叔，我哥哥就要死了，要到工人医院去找医生，请你一定要送我去。"后来才知道，碰到的那个人正好是教育学院的院长，他让司机送我到了工人医院。进了工人医院，我就站在走廊上喊："侯敬镐在哪里？侯敬镐在哪里？"有个工友把我带到他的办公室，侯医生却不在办公室，说是到码头去接一位日本同行了。我不由得号啕大哭起来，惊动了别的医生，有人便告诉我侯医生现在还在院长办公室。终于在院长那儿见到侯医生，我抓住他眼泪直往下掉："救救我哥哥，我哥哥要死了。"他仔细地问了下情况，对院长说，这个病人我一定要去看，请派别人去接客人。原来他跟父亲在一起开过"文代会"。一路上，我反反复复地对侯医生说："我哥哥如果不能工作的话，他就不能活。他要活的话，一定要工作。"他后来对我说，他遇到过很多病人家属，但像我这样的妹妹却没有见过，所以他把我当时的话记得很深。

《我的父亲傅抱石》，傅益瑶著

上海辞书出版社2006年版

🕐 2013.01.30

😊 2岁10月

　　星期天，我们一家去绣球公园玩。在公园里姥姥要我站在石凳上，想背我。结果来了一位爷爷，说我这么大了，怎么能让姥姥背呢？我被说得有些不好意思，背着脸对着湖面沉默了好一阵子。

🕐 2013.02.18

😊 2岁11月

　　今天下午妈妈带我去游乐场玩。在滑滑梯的时候，妈妈害怕滑得太快，就用脚撑边上的护栏，不小心把脚拇趾的趾甲盖碰坏了，流了不少血，走路一瘸一拐。爸爸回来问我有没有安慰妈妈，我说没有，爸爸说，你要告诉妈妈，我爱你，你真不容易。

🕐 2015.11.24

😊 5岁8月

　　开车门的时候，爸爸头撞在车门上。我说这是你自找的，爸爸批评我：还不是因为你说滑板车少了一个零件，爸爸帮你找才撞的吗？再说，你应该安慰爸爸，头撞疼了吗？要不要紧，而不是事不关己。

人之初，性本善还是性本恶的问题，一直没有定论。不过"人之初，性本私"或许成立。1976年英国皇家学会理查德·道金斯出版《自私的基因》，试图从进化论的角度论证这一点。"人是自利的生物实在是人类社会的大幸。由此，人类才有了最终的大同世界的理想。如果人是利他的，则任何理想都不可能建立起来。"孩子天然地会以自我为中心，在不伤及自身利益的情况下，他可能表现出"善"的一面。但是，一旦妨碍自己利益的时候，很容易显示出"恶"的举动。这也许是人类长期以来寻求生存的本能所致，加上现代一些家庭无原则的宠爱，更容易导致孩子的任性、专横。如果说后天有所改变，恰恰是文明发展和教育引导的结果。

要通过生活的各种细节让孩子明白：不仅仅自己人生会有痛苦，爸爸妈妈也会有痛苦。如果看到亲人痛苦，要自发地感到难受，而不是无动于衷；不把父母、老人为自己服务看作理所当然，而是要能够体会他们的付出和苦衷；自己逐渐长大以后，要能够自理自立，不给亲人增添麻烦，不对他人提出过高的、不切实际的要求；当父母、亲人身体、心情不好时，或者因为自己受到伤害时，要学会安慰他们，第一时间表示出关心，而不是沉浸在自我的世界之中。

事实上，所有的孩子天性纯良，尽管他们有天然自私的一面，但是，只要父母教育及时、方法得当，他们是会有关切他人的认识和行动的。而如果平时不注意启发、示范和引导，等到关键时刻，他们很可能表现出粗暴、无理、冷漠，那并不代表他们的天性如此，仅仅是因为他们根本没有（机会）学会利他，责任往往还是出在父母身上。

🕐 2016.01.25

😊 5岁10月

　　前天晚上，爸爸睡在大床上妈妈的那一边看书。我问他为什么不睡在自己这一边，爸爸说要给妈妈"焐暖"，这样妈妈入睡时就不冷了。我又问，那你自己怎么办，噢！我知道了，你可以先给妈妈"焐暖"，再给你自己"焐暖"。

🕐 2016.06.04

😊 6岁2月

　　幼儿园安排儿童节晚上在南师大操场举行亲子篝火晚会，有一个节目是爸爸们扯紧一块黄布，让我们在上面走。有的小朋友非常害怕，不敢迈步。还有不少小胖墩，很重很重，搞得那些爸爸们吃不消，就把布扛在了肩膀上。每次小胖墩们走过去，爸爸们身子就一抖一抖。事后爸爸问我怕不怕，我说有点怕，一是怕布掉下来，我摔下去，二是怕爸爸吃不消，扯不动，手发酸，爸爸表扬我心中有他人。

　　此外还有一个节目，是爸爸顶着我胳肢窝，把我举起来，做"航天飞机"。主持人要求爸爸们一听到喊"飞起来了"，就把我们举过头顶。不过我现在变重了，举起来不轻松，所以主持人问好不好玩、要不要再来一次的时候，不少小朋友说，好玩！要！我却说，爸爸太累了，我不要再玩了。我还对爸爸悄悄说，你可以举低一点，不然你太辛苦了！

读到一则故事，可为上面孩子爸爸的做法作"注解"。荀粲，魏晋玄学与清谈的先驱人物，特别爱夫人。所娶为名将曹洪之女，非常漂亮，荀粲疼惜得不得了。夏天晚上热，他就先在露天天井把自己摊凉，然后睡到席子上把席子弄凉，再让夫人睡。冬天就先把自己烤热，然后钻进被窝把被窝弄热，再让夫人睡。有一年冬天，夫人感冒发烧，荀粲单衣跑到天井，让自己全身冻得冰冷，再贴着夫人，想让夫人舒服一些。结果跑进跑出，反复几次，自己也感冒了。不久，夫人重病去世，荀粲悲痛过度，不到一年也死了。

　　在第二则记录中，听到孩子说这样的话，我们很欣慰，说明孩子确实长大了。同时也觉得，只要父母不有意放任、鼓励孩子的自私，孩子是可以做到心中有他人的。很多时候，孩子的自私是父母催化的结果，而父母的溺爱，其实是更大程度的自私。因为他们满足了自身的某种心理需求，而剥夺了孩子成长的权利，牺牲了孩子可能更具高度广度和深度的未来。

🕐 2014.07.07

😊 4岁3月

周末爸妈带我去红山动物园玩。在车上我掏出妈妈买的玩具售货机，里面装了不少小圆糖。剩下最后一块红糖，我给了爸爸，可是爸爸吃了说不好吃，准备扔掉。我说不要扔，他还是扔掉了，我难过得哭了。妈妈对爸爸说我好不容易省下来给他吃，他却不珍惜，我听了哭得更厉害了。

🕐 2015.03.02

😊 4岁11月

我看见盲道上面横着水泥墩子，对爸爸说，这个放得不对，盲人遇到会摔倒。后来遇到的水泥墩子放对了，我对爸爸说，这个墩子放得是对的。

🕐 2015.03.15

😊 4岁11月

那一天，我问爸爸，你多少岁了，爸爸说他40多岁了。我说，等我40多岁，我也做爸爸，你就做爷爷了。爸爸说，那我就80多岁，我可能就死了。我说，那我就找个玩具，埋在你死的地方，写上你的名字，纪念你，好让别人知道你埋在这里。

教育的意义，一方面肯定每个人为了自己的利益而奋斗的正当性，正如马克思所说"人们奋斗所争取的一切，都同他们的利益有关"，这是人类得以繁衍的前提，另一方面又让个人学会超越自身所得，兼顾他人、集体、国家和社会的利益，在性本私的同时，学会"兼公"。表现在行动上，就是能够从他人的角度出发，体察、关切对方的情绪、感受、需要，求同存异，兼容并蓄。

关切，可以先从自身和身边的亲人开始，再旁及小伙伴和其他交往的人，最终兼顾到并不相识但是值得同情和帮助的陌生人，像孟子所说"老吾老，以及人之老；幼吾幼，以及人之幼"，以及张爱玲所说"因为懂得，所以慈悲"。

对比我们不同阶段的日记，如果不在意，很可能误以为笔下是两个孩子。其实，这正说明孩子的多面性和可塑性，成长中的孩子确实很容易"近朱者赤，近墨者黑"，环境很重要，引导很重要，示范很重要。要及时发现、鼓励、培育孩子心中的真善美，肯定他们的善举，强化他们的良知，激励他们的正向行为，切忌漫不经心，或者含含糊糊。另外，要充分发挥阅读的作用。很多优秀绘本中，蕴含着关切、爱护与慈善，让孩子懂得关切，也可以通过多阅读绘本、听故事而得到启发。

第三则记录我们转给一位朋友看，他认为不应该和孩子谈论"死亡"的话题，因为孩子太小，但我们不太同意。中国传统对死亡的讨论确实有所忌讳，正如鲁迅《立论》中写道，一个人说一个初生的孩子"将来是要死的"，结果"得到一顿大家合力的痛打"。不过死亡是每一个人或迟或早一定要面对的命题，刻意回避，并不是办法。孔子说"未知生，焉知死"，并非否定对死亡的探讨，而是强调以人为本，不要把时间、钱财、精力浪费在无谓的敬奉鬼神上面。其实，树木花草四季轮回，生生灭灭，清明时节祭奠活动，吹吹打打，都在给孩子传递相关信号，自然会引发他们的好奇与猜测。有了合适的契机，还是应当与孩子进行坦诚的交流。而且，"向死而生"，只有明白了死亡，才能对生命充满敬畏与感恩，也才能启发孩子深入思考，怎样让人生更有意义。

防卫

　　我捧着小尺蠖来到菜园里，想找一僻静处安置。最好是有很多嫩叶，旁边没有蜘蛛，甚至连鸟也不敢来的地方。

　　在菜园的东北角，我看到一只毛虫。

　　这只毛虫的毛虽然很长，却很软，应该不是像刺蛾那样带毒的刺。毛虫是吃素的，我想它对尺蠖不会感兴趣。而且毛虫身上的花纹和带螫针的马蜂很相似，黄底黑条纹，是典型的警示色样，小鸟看到肯定会误认为是马蜂而不敢飞近的。我想把尺蠖放在这只毛虫的身旁，可能是最安全的地方。

　　在毛虫的左侧，一只小小的瓢虫正在它身边睡觉，难道它也是为了寻求毛虫的庇护？

　　小尺蠖被我放到菜叶上，和毛虫只有一叶之隔。一接触叶子，小尺蠖似乎闻到了熟悉的植物气息，于是一拱一拱地爬到叶子的上方，吃了几口，然后把自己扮成叶芽的模样。

　　尺蠖从小就知道，拟态能让自己融入周围的环境，是对自己最好的保护。只有这样，才能吃饱肚子，早一点变成飞蛾，自由飞翔。

　　看着绿芽一样的尺蠖，我突然觉得自己太过幼稚，其实每个小虫都有自己的生存之道，我又何必多此一举？

《虫子旁》，朱赢椿著

湖南人民出版社2014年版

🕐 2012.11.02

😊 2岁7月

　　今天下午妈妈带我去宝船公园玩。妈妈同事家的小朋友欺负我，一开始我让着他，后来他还是欺负我，我就毫不客气打了他一巴掌，把他打哭了，爸爸妈妈私下说我没有错。

🕐 2014.09.13

😊 4岁6月

　　晚上爸爸妈妈带我去聚会，我见到悠悠、游游、琳琳等好几个小朋友。一开始琳琳和悠悠联合起来欺负我，不过我不怕，琳琳要抢我的东西，我准备咬她，她就害怕了。后来他们联合起来欺负游游，结果游游妈妈把他抱走了。

🕐 2015.06.04

😊 5岁2月

　　今天下午去绿博园游乐场玩，我排队等着滑索。可是一个大孩子抢在我前面，还把铁椅子推到我身上，把我头撞疼了。妈妈后来对我说要好好练武术，身体变得强壮起来，不然可能被欺负。

现在很多家庭父亲比较忙，在孩子教育方面缺位，有可能造成孩子早期性格偏于柔弱乃至怯懦。特别是男孩子，阳刚之气普遍不足。等到上学之后，小学大多数是女教师，更加剧了这种倾向。因此，在家庭教育中，需要关注孩子自我防卫的问题。我们建议：

第一，不主动惹是生非，但要教育孩子不怕事。孩子之间的冲突多属无意为之，辨别对错的能力也不足，因此，需要以宽容的心态对待。应当教育孩子和其他孩子和睦相处，不无端生事，不故意欺人。如果合得来，就在一起多玩玩，如果合不来，可以敬而远之。如果遇到孩子欺负人，也不能太过退让，要有保护自己的勇气和决心，有理有利有节维护自身权益，同时加强锻炼，提高保护自己的能力。

第二，不公开鼓励冲突，但私下应该有态度。对孩子之间偶尔闹别扭，发生一些矛盾，只要无关大碍，可以让孩子自己去解决，大人不必过多介入。孩子必须学会自己处理问题，而且也能学会处理问题，大人贸然介入，反而可能使得冲突升级，矛盾无谓激化，也妨碍孩子自立自强。但是，私下里大人应当有明确的态度，不是一味教育孩子"和为贵"。

🕐 2015.11.24

😊 5岁8月

　　昨天我告诉妈妈，武术训练时，有个二年级的小哥哥把尿撒在我的身上。我当即警告他，叫他以后不要这样。妈妈告诉我三个办法：第一，如果小哥哥不是故意的，警告一下就行了；第二，如果是故意的，就报告老师，或者爸爸妈妈；第三，如果能还击，也可以当场还击。我说他是故意的，爸爸问以前有过吗，我说以前没有过，是第一次，爸爸说那不能肯定是故意的，他们表扬我警告得对。

培养孩子防卫意识和能力：

首先，要有辩证认识。遇到孩子之间发生冲突：一方面，不能不分青红皂白"护犊子"，认为自己孩子一定没有问题，或者要求孩子"别人打你，你也打别人，不打就是孬种"，人为激化矛盾；另一方面，也不能单纯给孩子灌输"不能打架，打架不好，不文明"，或者片面强调"一个巴掌拍不响"，认为只要发生冲突，双方都有责任。大多数情况下，孩子之间的矛盾互有责任，但也不排除有些"熊孩子"故意欺负人。

其次，要鼓励多元交往。有些父母怕自己孩子受欺负，只让其和性格温顺的小朋友玩，这样会导致遇到那些爱打闹、作风霸道的孩子不知所措。应当鼓励孩子与不同性格、脾气的小朋友都接触接触，在实际交往中体会和区分不同的处世方式。如果遇到爱攻击人的孩子，要尝试提高避免和化解冲突的能力，不卑不亢，和平相处。

再次，要理性应对冲突。孩子之间发生冲突，没有严重后果时，父母应当尽量先冷静旁观，而不是大呼小叫地忙着冲上去，不然会强化孩子软弱的自我认同，在没有外在援兵的情况下，孩子会更加退缩。如果孩子向父母求救，可以先鼓励孩子自己想想怎么办，帮助孩子出谋划策，锻炼孩子的心理承受能力、交际能力和处理实际问题的能力。当然，如果预判可能有严重后果时，也需及时干预，教给孩子必要的自我防卫措施。

社会经常有拐卖儿童的报道，虽然不适合教孩子用有色眼镜看世界，但是"防人之心不可无"，带孩子外出，或者孩子独处时，保持警觉和防范是需要的。父母应当教给孩子一些必要的防卫办法，如女孩子不可以让别人摸隐私部位，男孩子不可以让别人摸小鸡鸡，不和陌生人搭话，不吃陌生人的食物，遇到紧急情况向警察求救等。平时让孩子熟记爸爸妈妈的手机，也可以模拟情境进行"演习"。有一次参观南京英国学校，学校介绍说经常带孩子外出游学，当问到如何保证孩子的安全时，校长说除了制定详细的应急预案、明确各自的职责分工之外，还强调他们平时定期进行安全演练，所以孩子们这方面都有一定的经验，值得我们学习借鉴。

大气

清朝初年，康熙为了招揽有学问的汉人，就开科招考，这就是有名的己未词科。清朝人秦瀛曾编过《己未词科录》一书，记载此事。在这次科考中，最突出的有两人，一个是毛奇龄，一个是朱彝尊。这两个人都曾经抗击过清，在民间组织抗清武装。在己未科举中，毛奇龄考中，被授予翰林院检讨。朱彝尊抗过清，又是明朝的宗室后裔，因此他考中后，起先有人主张只授予翰林院的待诏、典史等闲职小官，康熙坚决不同意，要求一定正式收录他，给他一个翰林院检讨的职位。朱彝尊在他的家书中，对此事有记载。后来，朱彝尊又到了南书房，离皇帝非常近。可见，康熙对朱彝尊是非常重用的，并不因为他是明朝的遗民，抗击过清朝，就遗弃他，或加害他。李光地在"三藩之乱"时，被康熙派往福建刺探耿精忠的情况，他却投降了耿精忠，舆论一时哗然。可是，李光地死后，康熙却赐他一个谥号，叫"李文贞公"，人们这才明白李光地是受康熙的指派，有意去投降耿精忠的。这说明康熙对投降的问题，自有他的看法。……后来，康熙又去拜明孝陵，明朝的遗民于是纷纷上谢表，对康熙积极地拥护起来。康熙却回答说：我拜明孝陵，只是崇敬他的政治功绩，而你们崇拜则完全是站在比较狭窄的民族立场上。那些恭维康熙的人反倒落了个尴尬，但从心里对康熙更信服了。

《启功讲学录》，启功著

北京师范大学出版社2004年版

🕐 2014.12.16
😊 4岁9月

　　晚上杨叔叔、黄阿姨带着宇成到我家玩，我拿出青奥会水杯、亚青会吉祥物，还有丝巾、纪念徽章送给宇成，和他玩得很开心，黄阿姨说我挺大气。

🕐 2015.04.23
😊 5岁1月

　　幼儿园组织春游，我们去了长江二桥、长江大桥和紫峰大厦。在游玩时大涵涵说她喜欢吃红薯味的果冻，尽管我也喜欢吃，但还是毫不犹豫地把红薯果冻给大涵涵吃了。她还说她不怕辣，我又把有些辣的鸭腿也给她吃了。

🕐 2015.05.17
😊 5岁2月

　　我让妈妈买两个变形金刚玩具，一个准备送给川川，一个自己玩。我本来想留下一个好的，后来改变了主意，把更好的一个送给了川川。

关于大气，我们以为有两个层面：当下而言，是指孩子和小伙伴相处，或者处理自身事情时，不斤斤计较，不过分纠缠，不自私贪小，有些宽容心，能够吃点亏，不是非得占上风、争第一，有时候可以适当退让，对得失、成败看得不是那么重，能够拿得起、放得下。今后而言，面对生活中可能的委屈、不公、打击乃至造谣、诬陷，能够相对坦然、淡定、超脱，对待成功和失败有更为客观的认识，既能赢，也能输，胜不骄，败不馁，站得更高，看得更远，气象更大。

培养孩子的大气，我们建议：

一是鼓励与好朋友分享。分享自己喜欢的玩具、食品，以及自己珍惜的其他东西。当然，孩子从小有点"自私"是正常的，也是人之天性。好东西希望自己能独享，让他们割舍，会有些难度，因此鼓励分享时不宜强迫。有些时候，"你是哥哥，你应当把好的玩具给弟弟玩"等说法，细究起来并不成立。遇到孩子有些勉强，千万不要随意贴上"小气"的标签，要让孩子多体会因分享而带来的快乐，重视因大方而带来的回馈。久而久之，孩子才不至于拒斥。

二是一切不搞特殊化。孩子作为家庭的一员，学习、生活、交往中和大人（特别是老人）应当一视同仁，有好吃的东西，大家都有份。而且，相对而言，好东西更应该给老人享用，因为孩子未来还有机会。有些家庭喜欢把鸡腿、鱼肚、大虾给孩子吃，生活搞特殊化，孩子不知不觉就会以自我为中心，凡事也就"小气"起来。

2015.07.24

5岁4月

我经常很慷慨地送礼物给阿姨，那次把唯一一块桃酥给了阿姨，还对她说那是最后一块，我没有舍得吃，给她吃。

2015.08.27

5岁5月

在九寨沟，我们买了几袋牦牛肉。路上我拆开一袋吃，坐在后面同行团组的哥哥也要吃，我给了他一块。他吃完了还要，爸爸就拿了一块小的给他，结果哥哥嫌小，我又换了一块很大的给他。后来我问妈妈，一袋牛肉有多少块呀，哥哥已经吃第二块了，全场大笑。

2015.09.16

5岁6月

班上辰辰把我推到板凳上，我的牙齿被碰坏了，有些出血，但是我没有告诉老师，因为我怕老师知道了会批评辰辰。不过老师还是知道了，批评了辰辰。我说辰辰是我的好朋友，这是件小事，我就没有告诉爸爸妈妈。爸妈表扬我做得对，如果是大事要告诉，小事自己处理就行了。

吴非老师说，"有一届毕业典礼，请高三所有教师都给学生一句赠言，我刚接过话筒，会场二楼忽然传来整齐的'大气！大气！'——原来是我教过的学生在集体呼喊。我是看多了'小气'，才矫枉过正地大喊'大气'的。"大气是海纳百川的气概，从容大方的气量，成熟稳健的气度。凡大气之人通常具有君子风范，胸怀博大，堂堂正正，坦坦荡荡，小事不计较，大事不糊涂，富有人格魅力。

　　让孩子大气，根本在于帮助孩子树立人生高远目标，拓展宏大格局。周恩来"为中华之崛起而读书"具有振奋人心的恒久力量，即在于此。人的格局一大，气象就大；气象一大，就容易超越眼前的蝇营狗苟，更有可能识大体、顾大局，看淡小恩小惠，放弃小私小利，更有雅量和胸怀，也更能容忍和克制。当然，让孩子学会大气，不是遇事无原则、和稀泥，不辨大是大非，必要的原则还需要坚守，也不是让孩子一味退让、谦恭，甚至懦弱，正当的权益还需要维护。

　　我们经常带孩子"野游"，或者去山区、农村走走，不仅仅是欣赏别样的风景。因所到之处，有时吃饭、住宿条件比较差，有时交通比较艰难，可以让孩子知道世界很大，情况不一，在自己熟悉的生活之外，还有比自己过得更差的同伴，更为糟糕的环境，有更需要帮助的人和事。如有合适契机，我们会让孩子参加一些结对帮扶活动，在力所能及范围内为社会做点事情。只有超越小我，人生才能真正大气起来。

中国孩子学业负担为什么减不下来？

潘杨华

一

　　1955年7月，教育部发出新中国第一个"减负令"《关于减轻中小学生过重负担的指示》以来，国家层面已发布了9道"减负令"，地方出台的"减负令"更是有上百道，可是中国孩子不仅学业负担普遍越来越重，而且各地的思想认识和实践做法也比较混乱。以近期发生的若干现象为例，上海市民办中小学招考"面谈"，从"谈"孩子转移到"谈"父母、"谈"出身，令很多家庭无所适从；河北"魔鬼学校"衡水中学到浙江办学引发热议，老百姓在"炮轰"与"点赞"之间莫衷一是；江苏省连云港市赣榆区教育局局长"侃侃而谈"应试教育的"政治正确性"，公然"质疑"党和国家的教育方针，民间却有不少人为其有所"担当"而"喝彩"；成都市五个区教育局"不约而同"联合"封杀"学而思，其他地区家长"翘首以盼"，但是对于培训机构何罪之有，"封杀"的法律依据何在"语焉不详"……凡此等等，都指向同一个问题：中国孩子学业负担已经引发越来越多家庭的过度"焦虑"，有些到了难以自拔的程度。那么，为什么中国孩子学业负担减不下来呢？

二

　　我认为，之所以中国孩子学业负担普遍越来越重，背后有五大原因：
　　一是法治原因。良好的法治意味着公平、正义、自由、平等，意味着正当权利不受侵犯，对未来可以进行合理预期，意味着社会相对诚信，人与人关系比较简单。如果一个社会法治水平不高，则权利难以有效维护，社会缺乏公平、正义，人与人之间失去诚信，互相设防，交往成本很高，社会和政府的公信力也比较弱，这些都必然"转嫁"到教育上来，导致教育"不能承受之重"。例如，很多人提到中国教育问题，首先谴责高考，认为"一考定终身"，不公平、不合理，高考指挥棒不放下，孩子学业负担无法根除，有的甚至提出要"废除"高考。但是，以当下中国的法治水平和诚信程度，如果不是统一高考，而是其他形式的评价制度，考虑到关系、人情、权势等因素，又有多大的公信度和可行性？如果放弃统一高考，偏远地区、社会底层的家庭和孩子出路何在？所以，至少目前较长一段时间，不可能也不应该放弃高考。但是，只要把统一高考作为指挥棒，要确保相对公平合理，由于人口因素，只能是以笔试为主，以标准化、客观化测试为主，难以避免地带来"应试教育"死记硬背、过度训练、反复刷题、妨害身心、破坏兴趣、扼杀创造和想象等诸多问题，并将压力逐级传导到初中、小学，甚至幼儿园。

二是文化原因。包括中国在内的很多亚洲地区国家，通行儒家文化，强调"天行健，君子以自强不息"，强调"齐家治国平天下"，"万般皆下品，唯有读书高"。儒家文化和儒学思想中有很多积极向上的东西，受儒家文化影响下的家庭和孩子通常都愿意"好好学习，天天向上""吃得苦中苦，争做人上人"，这当然是比较积极的导向，因为它能激发人的拼搏意识、昂扬斗志，勇于打破阶层、门第的束缚，实现更大的人生价值和梦想。但是，儒家文化也有消极的方面，因为它不鼓励人做"普通人"，甚至有些"鄙视"平凡、平庸，儒家文化宣扬尊卑、高下，并延伸出功利、机心，暗示我们的家庭和孩子要出人头地、光宗耀祖、成龙成凤，"一万年来谁著史，三千里外欲封侯"（李鸿章），所以我们身边不乏一些家庭，即使孩子成绩再不济也要去"择校"，因为名校代表着地位、身份，代表着"圈子""面子"，也代表着未来的资源和利益，大家都害怕和拒绝做普通人，不愿自己的孩子"输"，当然就会焦虑。另外，中国文化崇尚"官本位"，唯上是从、人身依附、权力滥用和官僚主义很容易导致违背教育规律办学，用抓 GDP 方法抓教育政绩，也在一定程度上增加了教育焦虑和学业负担。

三是国情原因。中国两大国情决定了教育焦虑和负担，一是总人口巨大，二是计划生育政策。由于中国总人口位居世界第一，且远超西方发达国家，再多的资源一平均就捉襟见肘，再大的优势一平均就成为劣势。一所名校，只招收200名学生，报名却能来2000个、3000个；公务员考试，热门岗位的考录比例动辄1∶300或1∶400；中国中小学校班额标准比较大，每班45—50人，有的热门学校甚至超过70人，僧多粥少，谁都想要分一杯羹，当然焦虑。资源不够怎么办？"八仙过海，各显神通"，有的跑得快，有的跳得高，有的找得巧，搞得其他家长心里七上八下，政策一出来大家都去找对策，规则一出来大家都想成为例外。另外，中国实施了30多年计划生育政策，很多家庭只有一个孩子，任何闪失都承受不起，自己再无限风光，孩子不行也是"白瞎"，说什么也要给孩子上个好学校，找个好工作，有个好前程，在孩子身上寄托太多，拿不起放不下，当然焦虑。所以国人在"走后门"时，遇到其他事情还可能"遮遮掩掩"，唯独为了孩子时"理直气壮"。尽管现在政策放开，已经"全面二孩"，但是房价、教育、医疗负担，让很多家庭望而却步，不敢生、不愿生，也有中年家庭已经不能生，更加剧了唯一孩子的身心负担。

四是机制原因。这里的机制是广义而言，包括教育政策、评价体系、城乡二元结构、师范生制度、教师编制、职称制度、教师待遇、学区制度、大班级授课制度、行政管理效能、社会培训、就业歧视等，都成为学业负担的"作俑者"。例如，时代飞速发展，大中城市人口集聚，学生人数不断增多，各种新增课程和教学改革，对教师数量和质量提出新要求，但是教师编制却长期基本不变，中小学教师在本职工作之外，要接受各种考评、检查，参加各类培训、比赛，完成各项"进课堂"任务，负担和学生一样"水涨船高"，不为他们"减负"，很难有精力在教学上"精益求精"；国家当年全面取消免费师范生制度，非一流生源上师范，如今投身从教，教学质量和水平无形中被打折扣；国家GDP跻身世界前列，但是近20年4%的国家财政性教育经费支出未能依法保障，"教师待遇不低于公务员"长期落空，无法满足教育优质发展的需求，无法吸引更多优秀人才办学从教；西方发达国家普遍已经实行小班化教育，中国不仅普及小班化遥遥无期，相反，各地常有挤占教育用地，挤压教育空间，让位房产开发的现象；由于实体经济发展乏力，就业空间被大大压缩，各类选拔竞聘无限拔高文凭、学历要求，各种隐性或显性歧视，助长教育的源头竞争和资源争夺，这些都不同程度加剧了教育焦虑并转移为孩子的学业负担。

五是时代原因。当下进入的是一个全新的、和以往完全不一样的互联网时代，既可以说是史上最好的时代，也可以说是"最坏"的时代。科技日新月异，让人眼花缭乱，更加印证了"唯一不变的就是变化"。在时代的浪潮中，不进则退，不变则汰，雅虎、诺基亚、摩托罗拉等的陨落就是例证。1992年，克林顿政府召集一批经济学家研究经济问题，最后的报告中没有一个字提到互联网，但是，仅仅20多年，互联网全方位改变了传统社会，教育也不例外。互联网时代，不是努力不努力的问题，而是思路、方向、模式必须彻底改变的问题。一方面，互联网时代人工智能正在全面排斥人、取代人，人类在自己的"地盘"上却越来越感到无"立锥之地"；另一方面，互联网时代让世界变得越来越捉摸不定。农业社会未来可以预见，"一分耕耘，一分收获"，付出总有收益；工业社会未来可以预见，"知识就是力量"，只要勤奋努力，付出也会有收益；互联网社会，付出未必有收益，很多企业巨头晚上都"睁着眼"睡觉，不知道第二天醒来"太阳是否会照常升起"，由此引发内心巨大的恐慌，也必然波及教育。可以说，当下教育的焦虑，很大程度是对未来社会不确定性的焦虑，大人自身如此焦虑，又怎么谈得上在孩子面前镇定自若呢？各种占坑、团课，各类培训、竞赛，走马灯一样循环往复，一旦急起来更是"眉毛胡子一把抓""死马当活马医"，当然让孩子的负担越来越重。

上面五个原因，时代原因是世界性原因。西方主流社会、上层家庭的孩子学业负担同样不轻，并也有加重趋势；西方不少家庭同样焦虑，"吐槽"抱怨，难以维持绝对的、无条件的"快乐教育"，因此"虎妈"在美国高唱"战歌"才能获得认同甚至"崇拜"。文化原因是地区性原因。通行儒家文化的东亚地区都想着孩子出人头地，都有学业负担过重的问题。据了解，不独中国大陆、日本、韩国、新加坡，以及中国香港、台湾地区，都比较注重应试，孩子学业负担都比较重，精神压力都较大。法治原因、国情原因、机制原因主要是中国自身原因。这导致无论和西方发达国家相比，还是和周边亚洲国家和地区相比，中国孩子学业负担显得更重，家长精神上更加焦虑。

三

再仔细分析，上面五个原因之间不仅互相作用，互有影响，也有轻重之分。其中，我认为法治因素更为根本。例如，尽管中国人口虽多，但是如果通过法治来保障起点公平、过程公平、机会公平，即使结果无法绝对公平，很多老百姓也不会那么焦虑。又如，没有良好法治的保障，即使暂时机制、制度上有所改革创新，如重新实施免费师范生制度，部分发达地区提高教师待遇，不仅"远水不解近渴"，而且"按下葫芦浮起瓢"，区域内的不公平容易转移到地区之间，像优秀教师"孔雀东南飞"等，效果有限且无法长久。再如，很多人谈到阶层固化问题，认为中国阶层固化加剧了教育焦虑，这一说法确有道理，但是和西方相比，中国阶层固化并不是最严重的，西方也分阶层，西方阶层也固化，有的比中国更甚。中国偏远地区孩子凭借现行高考制度、公务员招录制度，仍然有机会到中国最好的大学上学，并留在京城、省会工作。因此阶层固化不可怕，可怕的是如果身处底层，缺乏法治应有的保障，基本权利得不到维护，甚至被"无端剥夺"，与上层差距悬殊且看不到改变的希望，这才是中国人不愿做普通人，不愿让孩子"平凡"，从而向孩子"转嫁"负担的根本所在。

北京十一学校特级教师魏勇考察美国基础教育后写了一篇文章《为什么美国课堂不讲落实》，发出一个有价值的疑问。美国公立教育存在巨大弊端，私立学校收费昂贵、入学要求也高，一般阶层和家庭难以望其项背。但无论是普通的公立学校，还是顶级的私立学校，其课堂用中国评价标准来衡量，大多"不合格"，不仅知识容量小，而且课堂效率低，像乌龟爬行"少慢差费"，几乎没有知识和技能的"落实"环节，用中国课堂教学方式，即使是水平相当一般的老师，也能很轻松地 PK 掉他们。魏勇老师和美国同行进行交流后得知这是他们"主动"的策略选择，因为他们觉得学生动手参与和学习兴趣更重要。结合相关阅读，我以为这不仅是美国普通学校的策略，更是美国教育的"国家战略"，他们把保护学生的好奇心、求知欲、探索精神和想象力作为最高原则，不惜牺牲"效率"，牺牲"质量"，牺牲"大多数"，为的是成就5%—10%的精英。多年来美国精心呵护孩子起始阶段的好奇心、求知欲和学习的主动性、积极性，到高等教育阶段再用各种方式吸引来全世界最优秀的师资，不遗余力地在这极少部分精英身上砸钱，保证他们脱颖而出，形成"碾压"其他所有国家的绝对优势。美国口口声声说着"公平"，其实教育"很不公平"，因为他们让另外绝大多数让位和服务于这5%—10%。美国的普通大众，即使接受过高等教育的人，在听说读写等基本功方面，都普遍不如中国和亚洲其他国家"扎实"，更不用谈那些只上过职业学校、社区大学的人（有些连最简单的计算都不会，当然他们会在中国学校普遍忽视的音体美以及其他各方面有较大发展）。但是，不可否认，美国的精英确实"精英"，这么多年来，美国始终能够占据世界科技和经济的制高点，靠的正是这样一个"心照不宣"的"教育战略"，是这群天性未被磨灭、越到后来越生机勃发、越有竞争力的一批精英。

魏勇老师的文章没有继续追问：为什么美国可以这么"玩"？为什么普通大众能够"坦然"接受这样的"制度安排"？为什么普通孩子不怕"输在起跑线上"？我的理解是：第一，普通大众有基本保障；第二，普通大众有社会尊严；第三，普通大众有话语权。这三点，既解决了物质基础，也兼顾了精神需求，还确保了"持续发展"。美国的贫富悬殊虽然也大，基尼系数也很高，美国也有很多穷人，但是美国社会保障体系相对完善，大多数穷人只是相对贫穷。即使暂时失业，也不是那么可怕，这才使得大多数人"甘于平庸"。美国普通大众无论从事什么"低端"工作，其他人不可以公开对其表示歧视，美国的很多蓝领收入不低，有时候还超过白领（即使有些白领收入高一些，但是付出也多，压力更大）。美国在就业反歧视方面有基本规定，用工、福利、政策等不可以差别对待，普通大众有一定的社会地位，有基本的社会尊严，也有各种组织如工会帮他们维权。另外，美国在言论、集会、选举方面也都有基本保障，普通工人和精英在基本权利方面一律平等，而且因为新闻自由，普通大众的声音，社会可以听到，普通大众说"不"，政府必须重视。精英们尽管心里可能对那些穷人、懒汉颇有微词，甚至深恶痛绝，但是表面上还必须客客气气。美国大选特朗普之所以能够上台，希拉里黯然退场，很大程度是因为普通大众起到了决定性的作用，尽管精英们颇有不甘，也只能接受。

由此出发，美国孩子读书有点差劲，"输在起跑线上"，关系不是很大，至少不会因为高考落榜而"一失足成千古恨"，不会被"无端剥夺"，不会因为成绩差而失去尊严和基本权利，不会因为从事普通工作而被人歧视。既然如此，大多数家庭和孩子就可以有所选择，可以"自甘堕落""不思进取""得过且过"，相对"淡定"。如果愿意拼搏奋斗，实现更大梦想，名校也为他们开了口子（美国名校用制度保障贫困孩子获得更多的奖学金）。其背后依赖的是程度较高的法治化水平。

反观中国的家庭，由于前文分析的原因，则完全无法这么"淡定"和"从容"。一方面，普通大众生活缺乏安全感。这些年经济飞速发展，也加剧了贫富悬殊，不要说中国的底层百姓，就是中产阶层，在高企的房价和不断上涨的生活成本面前，也难以维系内心的平静，并"坐视"孩子"输在起跑线上"。另一方面，普通大众工作缺乏尊严感，豪车主殴打收费员、富二代欺负快递哥等报道时有出现，相反的情况则鲜有所闻，马太效应、丛林法则，不断刺激国人的神经，加上各种明里暗里的就业歧视，让普通民众"不蒸馒头蒸（争）口气"，把希望和梦想更多投射到孩子身上。另外，普通大众缺乏应有的话语权，出身、门第、家境、背景、收入的差异同时带来权利维护的艰难，极端现象如开胸破膛证明"尘肺"，"以暴易暴"维护人格，也让更多的普通家庭在孩子教育上面不敢掉以轻心，"砸锅卖铁"也不能亏欠了孩子。

反映到当前教育上面，本来应试的环节只在高考终端，现在逐渐延伸到初中、小学，甚至幼儿园。既然大多数家庭都有所期求，学校也主动或者无奈地重视选拔精英，地方政府也有政绩冲动，社会舆论又总是"以成败论英雄"，必然造成孩子书包越来越重，负担越来越大。由于竞争不断前移，应试占据主流，很难以兴趣为导向，充分兼顾学生想象力、创造力的培养，带来的问题是，中国的孩子基础教育阶段可能远远冲在美国孩子前面，但是，到了中后程，由于兴趣被泯灭，精神被扭曲，创造被压抑，很多孩子讨厌学习，讨厌学校，讨厌老师，不仅不想再向前跑，有的还往回倒退，而美国最精英的一批孩子，因为兴趣没有被磨灭，精神没有被扼杀，视野开阔，目标高远，他们到了大学、走上社会，还在一路继续跑，而且主动地往前跑，当然中国孩子就落在了后面。可以说，中国当下教育的结果是，不仅牺牲掉一大批天资平平的孩子，也扼杀了一小批天资卓异的孩子，本来只需要少部分孩子负担重一些，大多数孩子相对轻松、快乐，结果大家都在一开始就拼命跑，就像在电影院看电影，第一排首先站了起来，后面所有人都不得不陪着站起来。中国孩子越到后来，越跑不动，最终跑出一大堆问题，还难以培养出真正的精英，以至于有"钱学森之问"。

四

不过，换个角度，必须承认这些年来中国教育取得举世瞩目的成绩，看清当下教育问题其实是经济社会发展伴随而来的问题。一方面，各地全面普及义务教育，部分地区高等教育毛入学率达到西方发达国家水平，男女平等接受各类教育（可以对比一下电影《摔跤吧，爸爸》中印度女性面对的社会歧视和教育问题），城乡差距逐步缩小，流动人口子女与当地孩子"同享教育蓝天"，拥有更多教育机会，国家"教育公平助力社会公平"的价值导向大大提升了很多普通家庭对优质教育的期求值，都不同程度"变相"为孩子的学业负担；另一方面，中国近40年改革开放让很多普通家庭积累了财富，有能力、有余力在孩子教育上面花更多的钱，像美国中高层家庭那样为孩子选各种培训班，发展各类才艺（这在过去很难想象）。另外，"知识改变命运"也在很多进城移民身上得到验证，并在第二代、第三代移民身上寄托更大的希望，成为孩子学业负担的源头所在。我们要相对客观、辩证地看待这些现象，不能因此而妄自菲薄，否定历史，否定这些年国家、社会的进步和学校、广大教师、其他教育工作者的巨大付出。某种程度上说，中国的教育发展就像在画圆圈，圈里是成绩，圈外是问题，圆圈越大，似乎问题越多，但是，无论圈外问题有多少，这个圆圈还是要尽量扩大，而不是故步自封，退却畏缩，同时也需要正视问题，想方设法予以破解。

要破解孩子学业负担的难题，我认为在文化转型、体制转轨、机制完善、政策调整的同时，要更加注重法治建设，提高法治水平。一方面，如果法治水平逐步提高，中国普通大众有更多的基本保障，有更多的社会尊严，有更充分的话语权，在公共政策制定和实施方面能更大程度维护自身和所处阶层的利益，则有可能在一定程度上消解教育焦虑，化解孩子的学业负担；另一方面，即便是文化因素、国情因素和体制机制因素，短期内难以从根本上改变，依靠法治水平的逐步提高，也能"抵抗""消融"负面的力量，至少不会导致学业负担像目前这样的大众化、低龄化和极端化。当然，提升法治水平不是一日之功，还有一个漫长的过程，文化、机制等问题也无法"毕其功于一役"，那么作为中国的家长，又如何应对当下的现实和困境呢？我的建议是六点：

第一，永远第一任。家长是孩子第一任老师，这里的第一任不是阶段性的，而是永久性的。家长不仅需要在幼儿园入学前关注孩子，而且要主动关心孩子一辈子。家长对于孩子教育引导的主动权始终不能放弃，不能有"孩子学习是自己的事"（因为时代背景不同，教育早已跨越"望天收"的阶段）、"孩子交给学校，老师全权负责"的想法。学校、老师仅仅是阶段性的"有限责任"，家长承担的是"无限责任"和"连带责任"。当然这里的第一任绝没有任何包办代替的意思，包办代替不是真正的关心。

第二，主导性适应。对学校、老师、社会有关教育和孩子的评价标准和评价结论，对各种教育学者、专家提出的新奇理论，对微信群、朋友圈各种流行的看法潮流，任何情况下都要保持一定的距离，要有自我判断和辩证认识，既不能完全不顾，也不能唯命是从，既不能我行我素，也不能亦步亦趋，始终要主导性适应，时刻警惕其中的误区，不被动跟风、服从，更不要随便盲从。

第三，非智力培养。智商有用、有益，但极其有限，很多人智商很高，但没有做成什么事，因为他们太聪明，太会取巧、投机，这样的人其实不受欢迎。非智力因素在未来社会越发凸显，孩子的意志、品质、性格以及耐挫力、坚持力、情感交流、人际交往、吃苦吃亏、自我疏导等重要性远远大于智力，很多非智力因素，需要从小关注、培养、引导，不仅要把孩子培养成"学霸"，更要培养成"暖男""贴心小棉袄"，这方面依靠学校和老师根本不现实，必须由家庭承担职责。

第四，学习的革命。学习有动机，有方法，有技巧，有艺术，同样的学习内容，不同的学习动机和方法，有的事倍功半，有的事半功倍，其间区别可能"天上人间"。要充分利用现代媒介、载体、手段，充分挖掘、利用电子化、信息化资源，注意汲取先进育儿经验，和周围朋友多交流分享，并在交流中持有"主心骨"。家长要坚持终身学习，紧跟时代步伐，转变思想观念，协助孩子变革学习的内容和方式，不轻易放弃"诗和远方"，努力激发孩子内生学习动力，达到更优的效果。

第五，有机性补充。学校尤其是公办学校的学习效果有限，特别是政府提供的公办教育，受到各方面因素制约，难以提供个性化、优质化服务，必须通过其他渠道补充：一是出国、交流、访学；二是选择优质民办学校；三是参加社会培训，寻求个别化辅导。未来社会，无论我们的态度如何，教育培训将更加红火，因为有强大的市场需求，家长无法也不应拒绝，但是需要根据实际量力而行，即使是上民办学校或者参加社会培训，也不能推卸自身责任，必须全程跟踪学习过程，及时矫正不当的偏差。

第六，向未来发展。一定不要用过时的经验、过去的标准、传统的模式衡量和规范孩子，对孩子的全面发展、专业选择、兴趣培养等要有宏观性、前瞻性判断，以及必要的含糊性包容，不要轻易限定孩子的发展方向和路径，更不要轻易否定孩子的各种可能性，要用世界、战略、全局的眼光和思路考虑问题。家长要努力扩大自己的眼界，多和周围优秀家庭交流，适应和把握发展潮流趋势，给孩子提供有价值的参考，并且不要轻易代替孩子做出选择。

（原载《教育研究与评论》2017年第6期）

后记

—

我们有一点"野心"：想写一本50年后还有人愿意读的亲子书。

时下亲子书虽不能说"泛滥成灾"，也可谓"琳琅满目"，要想给身处"焦虑"海洋之中的父母们一点有益启发和借鉴，必须绝对的"干货"才行。怎样保证高质量的"原创"产品？我们没有任何诀窍和捷径，仅是学习曾国藩"结硬寨，打呆仗"，花了十足的死功夫。

2010年3月27日，孩子出生前后，孩子妈妈记录了数万字的日记，2012年11月1日起，孩子爸爸利用业余时间，采用孩子口吻给他记日记，虽隔三差五，但从未间断，累计至今数大本。2015年4月27日萌生此书写作念头，我们先花费一年多时间，起早贪黑将孩子6年间（到2016年9月一年级入学止）的原始日记全部输入电脑，2016年9月30日输入完毕，共计36万多字。然后进行初步分类、归纳、筛选、排序，到2016年12月31日止，将所有原始日记中精心挑选出的200多则（占比五分之一左右），分门别类归入到"五根桩子"对应的分节之中。从2017年1月开始，在各分节加入摘录和体会，历时半年完成本书初稿。从2017年7月开始，全面斟酌、选择、增删、承启，其间部分章节发给朋友们征求意见和建议。

特别要说的是，2017年9月11日（巧合？！），当打开电脑时，发现存放全部书稿的D盘突然无影无踪，到维修店查看，被告知硬盘损坏，所有数据读不出来，我们立时吓出一身冷汗，好在后来想方设法恢复过来，一个字没有丢，这一意外事件提醒我们珍惜时光，加紧进度。2017年10月24日（当天中共十九大正式选举）二稿完成并存档备份后，我们这才松了一口气。随后，继续修订三稿、四稿……并交出版社，根据编辑意见进行完善，直到目前的样子。

本书之外，我们还有一点"野心"：计划写三本系列，每6年一本（小学前、小学、初高中），完整记录一个孩子从出生到成年的心路历程、喜怒悲欢，同时从一个侧面记录21世纪初叶中国基础教育的变迁、发展、进步与曲折，以及一个普通家庭在亘古未有的互联网时代中因亲子教育遭遇的跌宕起伏、焦躁不安，以期给50年后的孩子和父母们留存参照，以及用一种别样的"微教育"叙事，为中国基础教育史留一点个性色彩。但不知我们的"野心"能否实现？！这里提前"放"出话来，是想迫使自己沉潜下去，心无旁骛，兑现承诺，也给自己和孩子人生一点目标。

一百年前（1919年），还没有做父亲的鲁迅，"想研究怎样改革家庭"，写下《我们现在怎样做父亲》一文，文章提出的问题至今启人深思。鲁迅去世时周海婴才7岁，可惜其无法完全践行自己的理念，不过，周先生后来回忆父亲时提到一个细节，说鲁迅为了打破孩子对身体性别的禁忌，特意和许广平在家里不穿衣服，裸体走动，鲁迅对于亲子教育的尽心尽力，由此可见一斑。周国平先生说，做孩子的朋友，孩子也肯把自己当作朋友，是做父母的最高境界。我们以为，父母是一个无法辞职、又永不能称得上满意的职业，父母和孩子是一段奇妙的缘分，给了孩子生命，但是孩子注定不属于自己，如何与孩子相伴相行，是摆在父母面前的一堂终身必修课，我们愿意一直努力。

最后，表达多方面的感谢：

首先，感谢孩子和孩子妈妈，没有妈妈的辛苦孕育和孩子的出生成长，本书将是无源之水、无本之木！感谢姥姥每日操心孩子吃穿，忙于洗衣做饭，我们才得以在孩子教育方面投入更多的精力！感谢在老家的孩子爷爷、奶奶和姑姑对他的爱和牵挂，为我们增添力量！感谢孩子2岁前后较长时间陪护他的缪玉萍阿姨、吴明翠阿姨！感谢5年多来风里雨里接送孩子至今的陈玉梅阿姨！感谢孩子幼儿园韩静、赵容容、杨根霞等老师和托幼班伍婧婧、钱世芳等老师给其人生铺设的爱的底色（对小学入学后各位老师的感谢将留待下一本书）！感谢吴汶芳、刘艳、王昊宇等教练对孩子的武术启蒙！感谢周晓峰老师对孩子的钢琴启蒙！感谢诸多亲朋好友对孩子成长的照顾与关心！

其次，感谢江苏人民出版社汪意云主任的倾力推荐，感谢北京经济科学出版社王新宇先生在出版方面的关心指导，感谢辽宁人民出版社总编辑助理艾明秋女士的大力支持和责任编辑高丹老师的悉心付出，才使本书有机会得以顺利面世！

再次，感谢我们的挚友、江苏省特级教师王俊先生逐字逐句审读本书，并提出非常详尽的意见；感谢中山大学哲学系副主任朱刚教授、中国国家图书馆陈秋慧博士、江苏致明律师事务所主任徐小明先生、江苏省建设集团有限公司法律合规部主任苏赞先生等提出的修改建议，感谢我们的学生，在上海复旦大学工作的周闽、美国硅谷工作的朱桢峥分享个人及其"学霸"同学们成长的经历体会，感谢一同推敲本书标题的所有朋友。本书相关内容与部分学校和家长们分享，得到多方面鼓励和肯定，感谢所有关注孩子健康成长的人们！

最后，感谢和感恩上苍！

期待第二个六年后相见！

潘杨华 季 伟

己亥年孟春于金陵